供应链中

横向信息共享和纵向信息获取问题研究

姜帆 宋金杰 ◎ 著

中国财经出版传媒集团

经济科学出版社

Economic Science Press

图书在版编目（CIP）数据

供应链中横向信息共享和纵向信息获取问题研究/
姜帆，宋金杰著 . －－北京：经济科学出版社，2023.3
ISBN 978 - 7 - 5218 - 4608 - 9

Ⅰ.①供… Ⅱ.①姜…②宋… Ⅲ.①供应链管理 -
信息管理 - 研究 Ⅳ.①F252.1②G203

中国国家版本馆 CIP 数据核字（2023）第 041303 号

责任编辑：崔新艳
责任校对：靳玉环
责任印制：范 艳

供应链中横向信息共享和纵向信息获取问题研究

姜 帆 宋金杰 著

经济科学出版社出版、发行 新华书店经销
社址：北京市海淀区阜成路甲 28 号 邮编：100142
经管中心电话：010 - 88191335 发行部电话：010 - 88191522
网址：www. esp. com. cn
电子邮箱：expcxy@ 126. com
天猫网店：经济科学出版社旗舰店
网址：http：//jjkxcbs. tmall. com
北京季蜂印刷有限公司印装
710×1000 16 开 10.5 印张 170000 字
2023 年 4 月第 1 版 2023 年 4 月第 1 次印刷
ISBN 978 - 7 - 5218 - 4608 - 9 定价：55.00 元

　　本书的研究得到河北省哲学社会科学基金青年项目（项目编号为 HB21GL043）的资助。

前　言

　　近年来，供应链中的信息共享受到企业和学术界的广泛关注。供应链中的供应商与制造商之间、制造商和零售商之间、零售商与消费者之间，甚至同级竞争企业之间都存在着大量的信息共享。经济全球化使当代企业面临比以往更加激烈的竞争，因而供应链上信息共享的重要性日渐突出。随着互联网和电子商务的飞速发展，办公电子化和信息标准化为信息交换提供了有利条件，供应链中各企业间的信息交换日益增多。

　　关于供应链中的信息共享问题，大多数学者关注上下游企业之间的纵向信息共享，且没有同时考虑横向信息共享策略。研究竞争企业横向信息共享策略的文献没有考虑供应链上下游和边界均衡的影响。本书研究了供应链中竞争企业之间的横向信息共享和上游企业的纵向信息获取策略，以及企业的产能限制、团购企业的团购数量、市场的不确定性和边界均衡对竞争企业横向信息共享的影响。

　　本书首先考虑用最简单的模型研究下游竞争企业受到相同的产能限制时的横向信息共享策略。研究结果表明，制造商的产能限制会影响其信息共享策略和最优的订货量决策，同时也会影响上游供应商的批发价格和最终利润。在内部均衡情况下，信息不共享始终是制造商的占优策略。在产能限制的情况下，信息共享和信息不共享都有可能成为制造商的占优策略。制造商是否信息共享取决于产能限制水平。数值分析表明，上游供应商的利润随着下游制造商产能的增加而增加，而制造商的利润随着产能的增加而波动，总体呈上升趋势。上游供应商可以将定价策略作为影响下游制造商信息共享策略的有力工具，从而实现自身利润最大化。

其次，在对称产能限制的模型基础上，考虑更一般化的情况：非对称的产能限制下的横向信息共享。研究发现，在非对称的产能限制下，制造商的最优信息共享策略也可能出现不对称的情况。在制造商受到非对称的产能限制情形下，供应商和不受产能限制的制造商的利润随着产能的增加而增加，受到产能限制的制造商的利润随着产能的增加整体呈下降趋势。

在具有产能限制的模型中，上游供应商制定的批发价格为定值，在团购模型中，批发价格随着团购数量的变化而变化。下游企业的销售数量受到团购数量的限制。研究发现，团购数量会影响竞争的团购制造商的信息交换策略。当团购数量较大时，销售数量为内部均衡状态，此时制造商不会交换信息；当团购数量较小时，一些销售数量受到团购数量的限制处于边界均衡，信息交换可能成为制造商的占优策略；当团购数量足够小时，所有的销售数量绑定到团购数量，制造商信息交换与否无影响。研究发现，制造商的信息交换策略会受到市场不确定性的影响。数值分析表明，供应商、制造商和供应链的利润都随着团购数量的增加先增加后减少，最优的团购数量随着成本系数的增加而减小，随着市场的不确定性和团购折扣系数的增加而增加。该模型为上游供应商提供了最优定价和信息获取策略，也为下游团购制造商如何制定最优的销售数量、团购数量以及是否与竞争者共享信息提供了依据。

之后，本书又研究了在数量竞争和价格竞争的情况下，下游企业之间的横向信息共享策略以及上下游企业之间的纵向信息获取策略。研究发现，零售商之间是否信息共享受到市场的不确定性、产品替代性、边界均衡和零售商之间的竞争方式（数量竞争还是价格竞争）的影响。考虑泄露效应的存在，在数量竞争的情况下，当上游制造商获取下游零售商信息后制造商利润总是增加，但是零售商利润始终减少。制造商是否能够获取零售商信息取决于市场的不确定性。当且仅当市场的不确定性处于中间水平时，制造商可以成功获取零售商的信息。在价格竞争的情况下，信息获取策略还受到产品替代性的影响。当产品替代性较高时，信息获取会增加供应链的利润，制造商有能力购买零售商需求信息；当产品替代率较低时，如果市场的不确定性处于中间水平，制造商获取信息后供应链利润增加，即信息获取为占优策略。研究发现，边界均衡会使上游制造商的信息获取策略反向。在内部均衡状态下，上游制造商无法获取下游零售商信息；但是在边界均衡状态下，信息获取可能成为制造商的占优策略。数值分析表明，当上游制造商获取信息时，制造商、零售商和供应链的利润都随着市场不确定性的增加而增加，供应链的利润随产品替代率的增加而增加。因为上游企业采取措施防止信息泄露和市场的复杂性等原因，上下游企业之间不存在泄露效应。有趣的是，与考虑泄露效应的情况对比发现，在数量竞争情况下，当市场的不确定性处于中间水平时，上游获取下游的信息后，下游的利润反而增加。在价格竞争情况下，制造商获取信息后的利润变化与产品的替代性和市场的不确定性有关。当产品的替代性较高时，或者产品替代性较小且市场不确定性处于中间水平时，获取零售商信息后制造商和供应链的利润增加。

　　本书主要采用了模型分析和数值模拟的研究方法，涉及运筹学、博弈论和经济学等理论知识，阅读对象是从事供应链管理研究的学者和企业的管理者。笔者的研究生任佺参与了书稿的整理工作，在此对他的贡献表示感谢。

目 录
CONTENTS

第1章 绪 论

1.1 研究背景与问题提出

1.1.1 研究背景

经济全球化使当代企业面临比以往更加激烈的竞争，企业的竞争已经从核心竞争力拓展到整个供应链的竞争。供应链中的各个成员往往只根据自己的利润最大化来做出决策，因此很难从整体上来协调供应链，导致供应链的整体利润受到影响。同时，供应链中普遍存在的信息不确定和信息不对称也会阻碍整个供应链的协调。信息共享可以使供应链成员之间透明化和一体化，从而有效地解决供应链中存在的这些问题，提高供应链的总体效益。在过去的几十年里，各个行业的公司都进行了大量的投资来收集、整理和分析数据（日销售数据和订单数据等）。企业依靠这些数据做出符合市场条件的响应性决策，并通过相互共享数据进一步扩大优势。伴随着互联网和电子商务的飞速发展，办公电子化和信息标准化为信息交换提供了有利条件。

当今，供应链中的供应商与制造商之间、制造商和零售商之间、零售商与消费者之间，甚至同级企业之间都存在着大量的信息共享。例如，在航空业，达美航空公司（Delta Air Lines）经常会将他们的顾客的飞行里程信息共享给与其合作的航空公司，如阿拉斯加航空公司（Alaska Airlines）和夏威夷航空公司（Hawaiian Airlines）等，从而航空公司可以联合跟踪乘客的飞行数据，更好地了解顾客需求并为他们提供服务

（Lazarus D，2015）。在零售业，成立于 1963 年的美国服装零售商 LE 公司（Lands' End Inc）通过线上和线下销售产品时，会将其顾客信息共享给与其竞争的符合顾客购物需求的其他公司（Jiang and Hao，2001）。美国的好市多和日本的 7 - 11 便利店会把他们的销售数据共享给上游的供应商。美国的沃尔玛和塔吉特与其他大型零售商合作开发了一种移动支付系统，称为商户客户交换（merchant customer exchange，MCX）。MCX 的支付平台支持数据收集。顾客承诺使用 MCX 作为他们的独家支付系统，从而这些零售商实现了对客户数据的严格控制和有效合作。该平台以其标准的数据格式和传输流程，为各成员之间数据共享奠定了基础（Smith C，2014）。汽车行业的供应链公共信息平台 Covisint 将其参与企业的信息进行收集、编辑、显示和传输。目前，该平台共已拥有 27 万汽车工业用户，覆盖 96 个国家，如德国博世、日本电装及美国的福特等公司（Zhu K，2004）。自由市场（FreeMarkets）公司将供应商与购买者通过电子出价系统建立连接，购买者在该平台可以同时了解多个供应商信息，从而节省采购成本。在这些信息平台中，既存在上下游企业之间的纵向信息传递，也存在竞争企业之间的横向信息共享。以上这些基于网络信息技术的信息共享为企业的合作者和竞争对手提供了产量、价格、成本和需求等信息。

近年来，供应链中越来越多的企业选择团购产品或者原材料来降低采购价格。许多独立的零售商为了获得更加优惠的价格来降低成本形成商业采购联盟，而向供货商联合采购商品。这种采购联盟的形式在美洲（包括美国、加拿大）、欧洲（包括德国、法国、英国）、亚洲（包括埃及、印度、新加坡和泰国）都得到了广泛的应用（Anand K S and Aron R，2003）。例如，著名的世界零售商联盟（World Wide Retailer Exchange）为其成员（大多是大型零售商，如 kroger、safeway、cvs、walgreens et al. ）提供了联合采购和供应链管理的服务。除此之外，许多企业组成采购联盟，联合采购医疗设备、校车和汽车配件、易腐商品、电脑、办公设备、电力和天然气等（Hezarkhani B and Sosic G，2018）。家电零售商菲尔（Filco）通过合作采购获得了 4% ~6% 的额外折扣（Chen R R. and Roma P，2011）。2005 年，华菱集团（Valin）与安赛乐米塔尔公司（Arcelor Mittal）达成铁矿石采购战略合作协议，以获得价格折扣（Yan Y C et al.，2017）。在中国，联合采购也得到了应用。例如，在 2018 年的首届中国国际进口博览会期间，上海交易团组建了四大采购联盟，在进口博览会上组团采购。联盟的成立能够加大相关专业领域企业的采购组织力度，扩大采购规模，提高采购效率。

在当今的商业世界中，激烈的竞争不再是唯一获胜的策略，因为企业现在有更多的机会参与各种合作模式，以提高自身的应变能力。因此，供应链的信息共享的重要性日益凸显。

1.1.2　研究问题提出

面对转瞬即逝的市场机会，相互竞争的企业能否通过信息共享降低经营成本，提高运营效率及抗风险能力，并达到双赢的效果，是各国企业都需要面对的问题。供应链中竞争企业在选择信息共享的情况下，为保护自身利益，对共享信息的选择和保护是普遍存在的。在企业受到内部因素（如产能限制）和外界市场环境（如市场需求的不确定性）影响的前提下，如何做出科学的信息共享和信息获取的决策是企业亟须解决的问题。

（1）在具有对称和非对称产能约束下，竞争企业间是否会进行信息共享？近年来，中国的汽车行业蓬勃发展，在 2005 成为仅次于美国的第二大汽车市场，并在 2009 年超过美国，成为世界上汽车产销第一大国。世界上许多汽车制造商都与中国的汽车厂商建立了合资企业。这些合资企业的生产线与欧美国家类似，但是由于近些年来生活水平的改善，中国市场对汽车的需求迅速增长。然而，汽车制造商的产能有限，对于一些流行的车型，只能延期交货。竞争的汽车制造商会推出一些相似的车型，比如福特的福克斯和丰田的卡罗拉，本田雅阁和丰田的凯美瑞，宝马的 3 系和奥迪A4 等，并且这些相似车型的定价也十分接近：福克斯和卡罗拉售价为 12 万人民币左右，雅阁和凯美瑞售价为 20 万人民币左右，宝马的 3 系和奥迪A4 售价为 30 万人民币左右。[①] 由于顾客对品牌的忠诚度较低，当汽车的制造商缺货或者延迟交货时，消费者会购买相似车型的汽车来代替。那

---

① 资料来源：汽车之家网站，https://www.autohome.com.cn/。

么，同一市场中，在具有产能约束的情况下，相互竞争的制造商之间是否应该进行信息共享呢？结合现实情况，竞争的制造商受到的产能限制可能相同，也可能不同。

（2）联合采购的企业之间是否进行信息共享？由于信息技术的发展和高效信息平台的搭建，采购联盟得到快速发展。采购联盟通过信息平台为企业提供共享采购需求信息以及共同采购的服务。虽然采购联盟为竞争的企业提供了一种合作机会，但是联合采购会涉及商业信息，一些企业担心这种合作和信息共享会损害自己的利益，使得联合采购者之间缺乏信任（Gray K，2003）。联合采购的竞争企业之间是否应当进行信息交换至今仍无定论。所以，本书研究联合采购的企业之间是否有意愿达成需求信息共享的合作，以及进行联合采购的企业如何制定最优的采购数量和销售数量。

（3）上游供应商是否能够获取下游零售商的私有信息？市场中，上下游企业之间的信息交流是较为普遍的。供应商获取零售商的数据有两种传统的方法：一种方法是通过电子数据交换（EDI），另一种方法是通过联合数据提供商接收和销售零售商的数据（Jiang L and Hao Z Y，2016）。自 21 世纪初以来，零售商直接交换作为一种重要的数据传输方式逐渐兴起，即零售商直接将数据披露给上游供应商。例如，供应商要想获取沃尔玛数据，必须直接访问零售链接数据门户。同样，美国塔吉特公司通过合作伙伴在线交付数据。通过这种方法，零售商提供自己的数据，并根据数据中的信息进行决策（Jiang L and Hao Z Y，2016）。然而，由于零售商与其供应商之间缺乏信任，零售商可能会犹豫是否将自己的信息披露给上游的供应商。目前，一些供应链信息共享的文献（Li L，2002 and Zhang H T et al.，2002）也研究表明，下游企业不会主动将信息共享给上游。但是，如果上游获得下游企业信息后上游利润增加，上游是否可以将增加的利润分一部分给下游来弥补下游的损失，从而成功获取下游的信息？上游的信息获取策略会如何影响相互竞争的企业之间的横向共享信息策略呢？

1.2 研 究 意 义

自从 20 世纪 80 年代以来，随着全球经济化加剧以及信息技术的飞速发展，特别是近年来电子商务的兴起，企业面临着日趋激烈的竞争环境。供应链中的企业（包括制造商、供应商、中间商和零售商等）需要充分利用信息流发挥各自的竞争优势。与此同时，很多学者更加重视对供应链的研究，而最近对供应链的研究则更关注企业之间信息共享问题。本书研究供应链中竞争企业之间的横向信息共享策略和上下游企业之间的纵向信息获取策略，这在理论和实践中都有很大的价值。

1.2.1 理论意义

本书研究下游相互竞争的制造商在受到对称和非对称的产能限制下的信息共享问题，同时考虑上游的批发价格决策对下游横向信息共享策略的影响，丰富了横向信息共享的研究成果。在之前的横向信息共享的文献中，大多数只考虑了只有竞争企业组成的一级供应链中的横向信息共享，研究发现，在数量竞争下，信息不共享为占优策略。本书在这些研究的基础上，丰富了供应链模型，发现当在产能限制的情况下，进行数量竞争的制造商也可能信息共享；而且在非对称的产能限制下，非对称的信息共享策略可能成为占优策略，即边界均衡会使竞争企业之间的横向信息共享策略反向。

关于团购的文献，大多数学者研究最优的团购折扣价格、团购数量和团购时间等，很少有人关注团购中的信息共享问题。本书填补了这一研究空缺，在团购模型中研究团购企业之间的横向信息共享问题，同时考虑团购的数量与销售数量不相等的情况。团购企业为了获取更低的团购价格和更高的利润，可能会购买高于自己实际需求的产品。此时销售数量受到团购数量的限制。研究发现，市场的不确定性和团购数量影响团购企业之间的横向信息共享策略。本书丰富并拓展了供应链中团购的研究成果。

本书在研究横向信息共享的同时，考虑纵向的信息获取策略。在传统的供应链研究中，大多数文献只单独关注纵向信息共享或者横向信息共享。很少有学者同时考虑横向信息共享和纵向信息共享。本书深化了信息共享的研究成果，拓展了信息共享在供应链管理中的应用范围。同时，本书还考虑了边界均衡、市场的不确定性和产品的替代性以及竞争方式（数量竞争或价格竞争）对横向信息共享、纵向信息获取策略和供应链利润的影响。此外，本书还对比分析了在上游获取下游信息后，是否存在泄露效应对制造商、零售商和供应链总利润的影响。

1.2.2　实践意义

一些企业由于资金、库存等因素的限制，生产数量会受到限制。相互竞争的企业受到的产能限制可能为对称的产能限制和非对称的产能限制。所以，制造商在做信息共享决策时要考虑自身的产能限制。在没有产能限制时，如果与竞争者进行数量竞争，不要共享信息。当制造商受到产能限制时，要根据产能的大小以及竞争者的产能限制情况具体分析是否共享信息，边界均衡下信息共享可能是占优策略。特别的，当制造商之间受到不同的产能限制时，不对称的信息共享策略可能是占优策略。企业在现实的市场中，在受到产能限制时，可以根据本书的研究结果做出科学的决策。

定价一直是供应链管理中的重要问题，同时对于现实市场中的企业也是非常关键的决策。本书研究表明，上游供应商的批发价格决策能够影响下游制造商的信息共享策略和订货量决策。供应链中上下游企业之间在没有纵向信息共享的情况下，上游供应商可以通过调整批发价格来影响下游制造商的决策，从而实现自身利益最大化。在模型的数值分析中，本书还详细介绍了最优的批发价格的计算方法。为上游企业如何制定最优的批发价格提供科学依据。

许多企业为了获得竞争优势，达成商业联盟共同向上游企业采购产品或原材料来获得更低的批发价格，从而降低成本。团购企业的最优团购数量、团购折扣等问题一直是研究的热点，而团购企业之间是否应该信息共享至今仍无定论。本书研究发现，团购企业的信息共享决策会受到团购数量的影响。当企业团购数量大于销售数量时,团购企业之间不应该共享信息。当团购企业将团购产品全部销售时,信息共享和信息不共享的利润是一样的。当团购的数量限制了一部分销售数量时,企业的信息共享策略随着团购数量而变化。本研究可以指导团购企业是否信息共享以及如何制定最优的团购数量。

以往的纵向信息共享的文献研究表明,下游的企业在将自己的信息共享给上游后,上游利润增加但下游利润减少,因此下游不会主动把信息共享给上游。本书发现在边界均衡下,上游制造商获取下游零售商信息后利润增加,下游零售商利润同样减小,但是供应链总利润增加。所以,上游制造商可以用增加的一部分利润购买零售商的信息,以弥补零售商因为共享信息造成的损失,从而成功地获取下游零售商信息,实现供应链中的"双赢"。本书为上游企业如何获取下游企业的信息提供了科学的指导。

1.3　研究方法及思路

1.3.1　研究方法

在问题的形成阶段,首先,通过分析国内外供应链信息共享的相关文献,找出研究空白,结合供应链的现实状况,提出供应链中的信息共享和信息获取为本书的研究问题,并构建出四个相应的供应链模型。其次,在模型中,根据供应链成员的决策顺序,运用倒推法,并结合博弈论和微观经济学的相关知识,对模型进行分析求解,得出一些一般化的结论。最后,运用算例模拟进行数值分析,进一步验证模型中得出的结论的正确性。

在研究过程中,具体的研究方法主要有三种。

(1)文献研究法。收集并研读国内外与供应链信息共享的相关文献,主要是横向信息共享、纵向信息共享、信息获取和团购四类文献。在前人研究的基础上,提出了本书的研究问题,即供应链中竞争企业间的横向信息共享和纵向信息获取策略,同时考虑对称和非对称的产能限制、团购数量、市场的不确定性和产品的替代性等因素的影响。

（2）定量分析。运用数学建模的方法将现实生活中的问题抽象成具体的数学模型。结合现实市场的特征以及本书提出的研究问题，为解决供应链中企业之间的横向信息共享和纵向信息获取问题构建出四个具体的供应链模型。运用博弈论和微观经济学理论等对模型进行分析求解。供应链中相互竞争的企业之间进行数量（价格）竞争可看作为 Cournot（Bertrand）博弈模型。除了竞争企业，供应链上下游之间也存在决策上的博弈。

（3）数值算例分析法。在模型分析中得出了一般性的结论。将模型中的参数在其范围内取值，运用数学软件（如 MATLAB、Mathamatica）进行数值分析，对模型中得出的结论进行验证。在一些较为复杂的模型中，无法直接计算分析得出结论，可以应用数值模拟得出变化规律。

1.3.2　研究思路

本书结合现实背景和理论基础围绕供应链中竞争企业是否应该信息共享这一话题展开研究。首先分析供应链信息共享的研究背景并提出研究问题，然后针对研究问题构建了四个不同的供应链模型。本书首先考虑最简单的情况（见图 1 - 1 中的模型 1），研究下游竞争企业在受到相同的产能约束时的横向信息共享策略。在图 1 - 1 中模型 1 的基础上，考虑更一般的情况（见图 1 - 1 中的模型 2）——下游竞争企业在受到非对称的产能约束时的横向信息共享策略。在前两个模型中，上游制定的批发价格是一个定值，因此，引入图 1 - 1 的模型 3，上游的批发价格随着下游的订货量的变化而变化。同样研究团购企业之间的横向信息共享策略。在图 1 - 1 的模型 3 中，主要研究下游竞争企业之间的横向信息共享策略。现实生活中，除了横向信息共享，供应链上下游企业之间也存在着信息传递。在图 1 - 1 的模型 4 中，在考虑横向信息共享的同时，研究了上下游企业之间的纵向信息获取。在每个模型中进行详细的分析计算，并用数值算例对研究结果进行验证。最后，得出本书的研究结论并提出未来的拓展方向。图 1 - 1 为本书的研究思路。

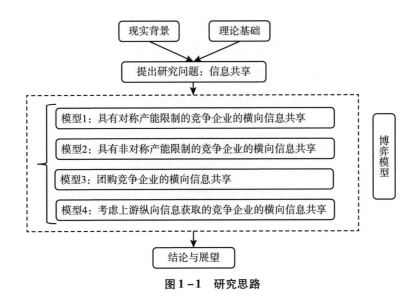

图 1 – 1　研究思路

1.4　研 究 内 容

本书共分为七章，主要研究内容如下。

第 1 章，绪论。首先介绍了基于经济全球化、电子商务背景下的供应链的信息共享现状，并结合现实市场状况（如汽车市场，团购现象和信息获取等）提出本书的三个研究问题。其次，介绍本书研究过程用到的文献分析、定量分析、数学方法和数值算例等研究方法和分析解决问题的思路，以及主要研究内容。最后，总结归纳出本研究的五个创新点。

第 2 章，理论基础与文献综述。首先介绍了相关理论：供应链、供应链管理、信息共享和信息获取；其次，分别对供应链中的横向信息共享、纵向信息共享（包括一对一、一对多和其他结构的供应链模型中的纵向信息共享）、信息获取和团购的国内外研究情况进行详细分析，查找研究空白。

第 3 章，具有相同产能约束的横向信息共享。研究制造商在受到相同的产能约束时的信息共享策略（完全信息共享和完全信息不共享），以及边界均衡和上游定价策略对制造商信息共享策略的影响。构建了一个二级供应链：上游为一个供应商，下游为两个相互竞争的制造商。上游供应商为下游两家制造商 A 和 B 提供同质等价的原材料，制造商生产同质且具有替代性的产品，并在终端市场进行双寡头古诺竞争，他们的产能限制同为 Q。运用 Cournot 博弈模型求解了制造商的均衡订货决策和信息共享策略，分析比较了在不同的信息共享策略下制造商的利润和供应商的利润以及批发价格。

第 4 章，具有非对称产能约束的横向信息共享。在第 3 章模型的基础上，研究更一般化的情况。下游的制造商受到不同的产能限制，制造商 A 受到产能限制为 Q，制造商 B 不受产能限制。制造商之间的信息共享策略为完全信息共享、完全信息不共享和其中一个制造商共享信息而另外一个制造商不共享信息。同样，研究制造商的横向信息共享策略以及边界均衡和供应商定价对信息共享策略的影响。

第 5 章，团购企业的横向信息共享。在第 3 章和第 4 章研究的基础上，考虑上游的批发价格随订货数量变化的情况（第 3 章和第 4 章中批发价格为定值）。构建了一个与第 3 章中类似的二级供应链。上游供应商为下游两家制造商提供原材料。为了获得较低的进货价格，下游两家制造商向上游团购原材料，生产可替代性产品在终端市场销售，并进行数量竞争。制造商在销售产品时，销售数量受到团购数量 Q 的限制。本章研究团购的供应链模型中下游制造商销售数量受到团购数量限制时的横向信息共享策略、团购数量和销售数量决策。

第 6 章，纵向信息获取和横向信息共享。在研究横向信息共享的同时，考虑了纵向的信息获取策略（第 3 章至第 5 章只研究竞争企业之间的横向信息共享），构建了由一个制造商和两个零售商组成的二级供应链。上游制造商为下游两家零售商提供同质等价的商品，零售商销售可替代性产品，并在终端市场进行数量或价格竞争，各自确定订货量。零售商的订货量不能小于 0。本章研究横向信息共享和制造商的纵向信息获取策略，以及零售商的竞争方式、市场不确定性、产品替代性和边界均衡对信息获取策略的影响。

第 7 章，结论与展望。根据前几章中对供应链模型的研究，得出主要结论，并进一步分析研究结果在理论和实践中的启示。最后，分析本研究存在的不足并提出未来的研究方向。

1.5 主要创新点

与以往的供应链中企业间信息共享相关文献相比，本书的创新点主要
体现在如下几点。

（1）研究了边界均衡对信息共享策略的影响。首先考虑下游的对称和
非对称产能约束对下游企业横向信息共享策略与上下游利润的影响（边界
均衡对横向信息共享策略的影响）。在传统的研究横向信息共享的文献中，
很少有学者考虑产能限制对信息共享策略的影响。其次，在团购的模型
中，考虑了团购数量对销售数量的影响（销售数量处于边界均衡的情况）。
在边界均衡和内部均衡下，考虑上游如何制定最优定价策略以及批发价格
对下游信息共享策略的影响。分别研究了固定的批发价格和随订货量变动
的批发价格对下游竞争企业之间的横向信息共享策略的影响。传统的横向
信息共享的文献并未考虑批发价格对信息共享策略的影响。

（2）首次在团购的供应链模型中研究横向信息共享策略。大多数团购
的文献研究最优的折扣价格、团购数量规模和团购时间等，对于团购企业
之间信息共享策略的研究比较少。本书中团购企业为了获取更低的批发价
格，共同制定团购数量，同时团购数量又会影响销售数量，即销售数量必
须小于等于团购数量。在研究横向信息共享策略的同时考虑了上游企业的
纵向信息获取策略。在已有的文献中，大多数学者只研究横向信息共享或
者纵向信息共享，很少有学者同时研究这两种信息共享策略。本书考虑了
供应链中信息的横向和纵向的传递，考虑了市场的不确定性和产品的替代
性对横向信息共享、纵向信息获取策略和供应链利润的影响。目前的研究
中，很少有文献同时考虑市场的不确定性和产品的替代性对信息获取策略
的影响。

（3）研究发现，边界均衡会影响企业之间的信息共享策略。产能限制
会使企业之间的信息共享策略反向。下游企业进行数量竞争时，在无产能
约束的情况下，信息不共享始终是占优策略。在受到产能限制的情况下，
信息共享可能成为占优策略。有趣的是，在非对称的产能限制下，非对称
的信息共享策略也可能成为占优策略。在价格竞争的情况下，供应链的利

润随着产品替代性的增加而增加。李乐德（Lode Li，2002）的研究表明，下游的零售商不会主动把信息共享给上游的制造商，并且在下游只有两家零售商的情况下，下游共享信息后整个供应链的利润始终是减少的。本书研究发现，在边界均衡的情况下，下游仅有两家零售商的供应链中，上游获取了下游信息后供应链总利润可能会增加。考虑泄露效应的存在，在数量竞争或者价格竞争且产品替代性较小的情况下，当市场的不确定性处于中间水平时，上游获取下游信息后，供应链总利润增加，上游企业可以成功获取下游企业的信息。在市场的替代性较大时，上游始终可以获取下游信息。

本研究可以为供应商、制造商和零售商在横向信息共享、纵向信息获取、产品定价和订货量决策方面提供科学的理论依据，也对相互竞争的团购企业如何制定最优的团购数量和是否共享信息有指导意义。

第2章　理论基础与文献综述

2.1　理 论 基 础

2.1.1　供应链与供应链管理

从20世纪80年代开始，有学者开始提出供应链（supply chain，SC）的概念，但是至今在学术界仍然没有统一的意见。随着市场的不断变化和人们认知水平的不断提高，对于供应链的理解也在不断发展。特里·P. 哈里森（Harrison）对供应链进行的定义为：原材料采购并加工为产成品或中间产品，最后向用户销售上述产品的功能网链。N. R. 史蒂文斯（Stevens）提出，供应链是通过增值过程及分销渠道，使商品从供应商供应到用户的流程，起于供应，终于销售。因此，供应链的核心就是计划（plan）、获得（obtain）、存储（store）、分销（distribute）、服务（serve）等一系列在供应商和消费者之间的活动（樊敏，2003）。供应链在国内比较被广为接受的定义是由马士华教授提出的。他认为：供应链是围绕核心企业，通过对信息流、物流、资金流的控制，从采购原材料开始，到中间产品以及最终产品，最后由销售网络把产品送到消费者手中，并将供应商、制造商、分销商、零售商、直到最终用户连成一个整体的功能网络结构模式（马士华等，2002）。

供应链管理（supply chain management，SCM）是一种集成的管理思维及这种思维产生的相关管理方法，对从供应商到最终消费者在供应链中的一系列物流进行计划和控制。菲利普（Phillip）提出，供应链管理是把供应链中的企业集成起来，以提高供应链效率的管理策略。美国生产和库存控制协会（American Production and Inventory Control Society，APICS）字典（第九版）对供应链管理的定义是：供应链管理是计划、组织和控制从最初原材料到最终产品及其消费的整个业务流程，这些流程连接了从供应商到顾客的所有企业。综合上述定义，可以将供应链管理理解为，为达到供应链系统整体效率最优，利用 IT 技术对供应链中的物流、资金流、信息流等进行合理的计划、组织、协调和控制的一种管理方法。

2.1.2 信息共享与信息获取

经济的飞速发展使企业之间的竞争日益激烈，企业要想长期立于不败之地，必须与供应链中的其他成员建立并保持长期的合作竞争的关系。随着供应链不断发展成熟，由企业信息不完全、不对称以及市场需求不确定性引起的牛鞭效应、库存费用高等问题不断显露出来。许多文献研究表明信息共享能够有效解决上述问题，从而提升整个供应链的绩效。供应链信息共享主要包括物流、信息流和资金流三个方面，而物流和资金流都是在信息流的基础上来实现的。供应链上各个成员之间的信息可以充分实现是保证供应链中物流和资金流有效流动的前提。因此，为实现供应链的有效运转，提高供应链的整体效益，对供应链中的信息共享的研究是核心问题。供应链的信息共享是指上下游企业或者竞争企业之间关于库存、需求、成本、销售数据、生产配送计划等相关信息的共享。

信息获取是指供应链中的企业主动来收集信息的过程。不同领域的学者对信息获取的定义也不同。大部分学者将信息获取解释为供应链中的企业直接从市场中获取自身信息的过程（Gao L et al.，2014；Guo L and Iyer G，2010；Jiang L et al.，2016；Guo L，2009；Li T et al.，2011）。也有一些学者认为信息获取是第三方机构通过付出成本和努力来收集供应链中企业的信息（Cremer G and Khalil F，1992）。在本书中，信息获取是指上游企业通过购买的方式获取下游企业的需求信息。

2.2 文 献 综 述

与本书相关的文献主要有四类，分别是横向信息共享、纵向信息共享、信息获取和供应链中的团购问题。下面分别对这四类文献进行具体分析。

2.2.1　横向信息共享

对竞争者之间的横向信息共享策略的研究主要来源于早期的经济学文献，如威廉·诺夫谢克等（William Novshek et al.，1982）；理查德·N. 克拉克（Richard N. Clarke，1983）；加尔 – 奥尔（Gal-Or，1985，1986）；卡尔·夏皮罗（Carl Shapiro，1986）；泽维尔·维夫斯（Xavier Vives，1984，1999）和迈克尔·雷斯（Michael Raith，1996）等。在寡头模型的相关研究中，很多文献关注寡头之间不确定需求和生产成本等信息的共享策略。威廉·诺夫谢克等（1982）；理查德·N. 克拉克（1983）和加尔 – 奥尔（1985）研究了在需求不确定的情况下寡头之间进行 Cournot 竞争时的信息共享策略；加尔 – 奥尔（1986）和卡尔·夏皮罗（1986）研究了进行数量竞争的寡头在成本不确定的情况下的信息共享策略；李乐德（1985）研究了古诺模型中寡头之间的企业私有信息（如企业生产成本）和公共信息（如市场需求）的共享方式。研究表明，在需求不确定的情况下，信息不共享是占优策略；在成本不确定的情况下，完全信息共享是占优策略。泽维尔·维夫斯（1984）和加尔 – 奥尔（1985）对不同竞争方式（Cournot and Betrand）下的均衡情况进行对比研究。迈克尔·雷斯（1996）构建了一个研究寡头间信息共享的总体框架。上述研究均表明，寡头之间信息共享的均衡策略分为完全信息共享和完全信息不共享两种情况。信息共享策略取决于竞争方式（Cournot and Betrand）和产品类型（竞争商品和替代商品）。泽维尔·维夫斯（1999）指出，Cournot 模型中寡头之间的产量博弈受企业共享参数的影响，当企业共享公用参数时信息不共享为占优策略。卡提克·纳塔拉詹等（Natarajan et al.，2013）在研究横向信息共享时，将决策的时间作为影响因素。还有学者研究了在 B2B 中的竞争企业之间在进行数量或价格竞争的情况下是否会信息共享。但是这些研究都没有考虑上下游之间的信息共享，也没有考虑边界均衡的情况（Kevin Zhu，2004）。有学者构建不同结构的供应链模型，研究了由一个供应商和两个零售商组成的供应链中零售商之间的横向信息共享，以及分别由一个供应商和一个零售商组成的两条供应链中零售商之间的横向共享信息的问题。但是没有考虑边界均衡对横向信息共享策略的影响（Jiang L and Hao Z Y，2016）。在由两家制造商组成的供应链中的横向信息共享策略，考虑了产能限制对信息共享策略的影响。研究表明，在内部均衡时，企业不会和其竞争者共享信息；当受到产能限制处于边界均衡时，完全信息共享和部分信息共享有可能成为企业的占优策略。但是该研究只考虑了寡头之间的横向信息共享，并没有考虑供应链上下游之间的相互影响（Wu J H et al.，2007）。胡文意（2011）同样研究了竞争企业间的横向信息共享，同时考虑产能限制对信息共享策略的影响。但是没有研究供应链中纵向的信息传递，也没有考虑市场的不确定性、产品替代性等因素对信息共享策略的影响。同时有学者研究了竞争企业受到对称的产能限制时的信息共享策略，但是没有考虑在非对称的产能限制下的情况（Wu J H et al.，2007；胡文意，2011）。

2.2.2　纵向信息共享

1.　一对一的纵向信息共享

供应链中上下游企业之间的纵向信息共享受到国内外学者的关注。有学者构建了一个三阶段的博弈模型。李乐德研究发现，供应链中制造商与分销商在没有信息共享的情况下利润最大，即信息不共享为占优策略。有些学者则在由一个制造商和一个零售商组成的供应链中研究需求信息共享问题（He C et al.，2008）。穆敏·库尔图卢斯等（Mumin Kurtulus et al.，2012）研究由一个供应商和一个零售商组成的供应链中，上下游企业之间是否会合并各自信息构建一个共享的信息预测机制。有学者分析对比了无信息共享、自愿信息共享和强制信息共享时的利润，发现在自愿信息共享和强制信息共享时的利润相同（Jiang B J et al.，2016）。奥扎尔普·奥泽尔等（Özalp Özer et al.，2011）考虑了信任对信息共享的影响。学者们还研究了共享不可验证信息（Cachon G P and Lariviere M A，2001）、双重分销渠道（Yue X and Liu J，2006）和双边信息共享（Mishra B et al.，2009）等问题。除此之外，李效良等（Lee H L et al.，2000）、卡雄·热拉尔和费舍尔·马歇尔（Cachon G P and Fisher M A，2000）、蔡灿明等（Choi T M et al.，2013）、斯里纳格什·加维尔内尼（Srinagesh Gavirneni，2006）等学者都研究了供应链中的纵向信息共享。研究表明，供应链中上下游之间的纵向信息共享能够有效提高供应链效益。然而，除了李田和张洪涛（Li Tian and Zhang Hongtao，2015）的研究，这类文献都没有考虑市场的不确定性对信息共享策略的影响。李田和张洪涛（2015）研究了市场的不确定性对纵向信息共享的影响。

王瑛（2005）在李乐德（1985）研究了上下游之间的需求信息和成本信息的垂直共享问题。研究结果表明，供应链中成员的垂直信息共享能够提高供应链的整体利润，但是供应链中有的企业会受到不利的影响导致利润减少。上游制造商的利润随着参与信息共享的分销商数量的增加而增长。吴江华和翟昕（2012）研究由一个制造商和一个零售商组成的合作广告供应链中的信息共享对企业决策和绩效的影响。研究发现，信息共享对上游供应商总是有益的。给定制造商广告分担率和批发价格两种情况下，信息共享对供应链和零售商的利润的影响不同。张菊亮和章祥荪（2012）研究纵向信息共享问题，其中生产商和供应商都拥有部分市场信息。研究证明，双方都不愿意共享信息是唯一的均衡。石纯来和聂佳佳（2019）研究了网络外部性对双渠道供应链中信息共享的影响。研究发现，在网络外部性较大的情况下，需求信息共享是零售商与制造商的占优策略。官子力等（2019）研究在需求不确定环境下制造商既提供产品也提供相关服务时的信息共享与激励问题。马新安等（2001）研究供应链中上下游企业之间信息共享行为的激励问题，将信息共享的研究成果应用到与其相关企业保持良好的合作关系中。张玉林和陈剑（2004）研究在由一个供应商和一个销售商组成的两层供应链系统中，销售商与供应商共享不确定的需求信息的条件。张子刚和周永红（2004）针对供应商中信息共享的现状，研究能够使其最大程度共享信息的制度安排，最终提高整个供应链的有效性。叶飞等（2012）的研究表明，零售商的风险规避程度和市场需求的不确定性信息能够影响供应链中各成员和供应链整体的信息共享价值。张子辰和雒兴刚（2017）在由制造商与零售商构成的全渠道供应链中，研究上下游之间的信息共享策略。樊敏（2003）在由一个供应商和一个零售商组成的二级供应链中研究信息共享的价值和激励机制，研究发现，在供应链企业间信息共享可以提高整个供应链绩效。张云涛（2002）的研究指出，供应链中的制造商应采取激励措施以促使上下游企业之间进行信息共享。士明军等（2020）研究了政府补贴下绿色供应链需求预测信息共享问题。讨论了无信息共享和信息共享两种情况，得出两种情况下上游、下游企业的最优决策和最优期望利润，通过最优期望利润的比较得出信息共享的价值。林志炳（2020）探讨了零售商的信息共享策略和制造商的信息预测能力对渠道成员的影响，研究结果表明，信息共享对零售商有利，但对制造商不一定有利。这些学者主要关注垂直信息共享的价值，在研究纵向信息共享时并没有考虑横向竞争的影响。

2. 一对多的纵向信息共享

在纵向信息共享的文献中，一些学者考虑了横向竞争对信息共享的影响。李乐德（2002）在一个两层供应链模型中（上游一个制造商和下游多个零售商），研究零售商进行 Cournot 竞争时的需求和成本信息共享方式，研究表明，零售商不会主动把信息共享给制造商。李乐德首次在研究纵向信息共享时考虑了横向竞争的影响。张洪涛（2002）研究了零售商在不同的竞争方式（Cournot and Bertrand）下，制造商对零售商需求和成本信息共享的激励。李乐德和张洪涛（2008）研究供应链中企业间的信息保密对信息共享策略以及供应链效率的影响。李乐德（2002）、张洪涛（2002）以及李乐德和张洪涛（2008）都研究了下游零售商与上游制造商的信息共享策略。研究表明，零售商将其私有信息共享给制造商后，制造商利润增加，但是零售商的利润会减小，因此零售商的占优策略为信息不共享。但是这些研究没有考虑上游企业的定价策略的影响。阿迪蒂亚·贾恩等（Aditya Jain et al.，2011）在李乐德（2002）和张洪涛（2002）的基础上，在相同的供应链模型中研究了上游企业的定价机制对纵向信息共享的影响。申孝久和图奈 I. 通卡（Hyoduk Shin and Tunay I. Tunca，2010）研究在一个供应商和多个零售商组成的供应链中，下游零售商是否会将信息共享给上游企业，以及上游供应商的定价如何影响零售商的信息共享策略。本书与这些研究的不同点在于直接研究了下游的信息共享策略，同时考虑了市场的不确定性对信息获取以及供应链利润的影响。

吴江华和翟昕（2012）研究在由一个制造商和多个零售商组成的二级供应链中信息共享对分散型供应链中零售商决策的影响。研究发现，当第一阶段的均衡订货数量低于需求时，零售商间无共享私有信息的动机。除此之外，在一个总体需求稳定的市场中，信息共享的影响随着零售商数量的增加而递减。周建亨和蒋碧云（2016）研究在供应链上下游企业非对称信息下具有不同议价能力的零售商的纵向信息共享策略。由于下游一个大型零售商和一个小型零售商存在不同的议价能力，制造商对两家零售商采用了收益共享和批发价格两种不同的合约。研究表明，当大型零售商将市场信息共享给制造商时，制造商始终会将其泄露给另一家小型零售商来提高自己的利润，因此引起供应链整体利润减少。但斌等（2016）研究两家相互竞争的制造商通过集团采购组织购买生产材料时，制造商与采购组织之间的需求预测信息共享的激励问题。下游的制造商可以将自己的需求信息全部或者部分共享给采购组织。研究发现，制造商共享信息可以有效协调他们之间的竞争，其信息共享价值受到竞争强度、信息精度和市场波动的影响。在竞争强度满足一定的条件下，制造商将信息共享给采购组织对整个供应链的利润是有益的。

这些研究虽然考虑了横向竞争对纵向信息共享的影响，但是都没有直接研究横向信息共享，也没有考虑边界均衡。本书既考虑了边界均衡下的横向信息共享和纵向信息获取策略，又引入了市场的不确定性和产品的替代性对上游企业信息获取策略的影响。

3. 其他结构的纵向信息共享

除了常见的一对一和一对多的供应链中信息共享的文献，有些学者在多对一和多对多供应链中，或者两个相互竞争的供应链中研究信息共享问题。

尚蔚鑫等（Weixin Shang et al.，2016）在两个相同制造商向零售商销售可替代产品的供应链中，研究零售商与制造商共享信息的问题。研究发现，非线性生产成本、竞争强度和信息共享合同会影响零售商的信息共享策略。在生产不经济或者生产经济且参数的范围较大（与并发产品相比）的情况下，可能会出现部分信息共享。当与第二个制造商信息共享的增加价值不高时，零售商可以通过仅向一个制造商提供信息获得更多利润。这是因为在与没有下游信息的竞争对手竞争时能够获得信息优势，所以制造商愿意支付额外费用。赵霞等（Zhao X et al.，2014）研究由两个相互竞争的供应商（提供外包服务）和一个客户组成的外包供应链中的信息共享问题。结果表明在信息不对称的情况下（例如当供应商具有不同的学习能力时），与两个供应商共享更多的信息可以增强一个供应商相对于另一个供应商的优势，同时在均衡状态下增加供应商报价的上界。陈琳等（2016）在由两个相互竞争的制造商和一个零售商组成的供应链中研究需求信息共享对批发价格和零售价格的影响。上游的两家制造商进行价格竞争，考虑了三种信息共享策略：完全信息共享、部分信息共享、无信息共享。研究指出，信息精度和竞争强度会影响上游的批发价格和下游的销售价格。周志中和祝效国（Zhou Z Z and Zhu K X，2010）研究了由两个供应商和两个制造商组成的供应链中的信息透明度对上下游企业的影响。研究表明，信息透明度可以为整个市场创造价值，但其对供应链企业的影响取决于下游企业的竞争模式（Cournot and Bertrand）。

夏耀祥和佟世璐（Albert Y. Ha and Shilu Tong，2008）在两条均由一个制造商和一个零售商组成的竞争性供应链中，研究零售商与制造商之间的信息共享问题。模型中制造商首先决定的是投资信息共享协议，然后零售商根据协议是否共享信息。研究发现，在菜单合同下，当制造商的投资成本较低时，信息共享有利于供应链，信息共享为占优策略；在线性价格合同中，在不考虑制造商投资成本的情况下，信息不共享为供应链的占优策略。夏耀祥等（2011）针对分别由一个制造商和一个零售商组成的两条竞争性供应链，分别研究了竞争类型、规模不经济、竞争强度和信息精度对于信息共享激励的影响，并表明在 Cournot 竞争环境下当制造商的规模不经济程度较高时，信息共享能够增加供应链的系统利润。夏耀祥和佟世璐（2008）、夏耀祥等（2011）都是在观测到需求信息之前做出信息共享决策的。郭亮等（Liang Guo et al.，2014）的研究是在观测到需求信息之后做出信息共享决策。郭亮等（2014）同样研究在两条分别由一个制造商和一个零售商组成的竞争性供应链中的信息共享问题，其中零售商进行价格竞争。研究发现，零售商会共享低的市场需求、隐藏高的需求来获取制造商更低的批发价格。当零售商竞争比较激烈时，应该共享较少的信息，但是当零售商获取信息的能力提高时，应该共享较多的信息。

2.2.3　信息获取

信息获取在不同的文献中内容与方式也不同。高龙（Long Gao et al.,
2014），郭亮和加内什·伊耶尔（Liang Guo and Ganesh Iyer, 2010）以及姜
宝军等（Baojun Jiang et al., 2016）研究了上游企业获取信息以后是否会
披露给下游。郭亮（Liang Guo, 2009），李田（Tian Li et al., 2011）和布
莱恩·米滕多夫等（Brian Mittendorf et al., 2013）研究下游企业获取了市
场信息后是否会共享给上游。也有一些学者研究供应链的第三方机构获取
信息来共享给供应链中的成员。第三方需要付出一定的努力来获取市场信
息。获取信息付出的成本越高，信息的质量越好。雅克·克雷默和法哈
德·哈利勒（Jacques Cremer and Fahad Khalil, 1992）是最早研究这类问题
的文献之一。代理机构在决定是否接受合同之前，能够知道获取信息的成
本。有趣的是，代理机构接受合同后可以免费获取成本信息。研究发现，
在均衡状态下，委托人不提供合同以诱使代理机构获得信息，代理机构获
取信息的能力会影响合同的条款。

大量的文献基于逆向选择模型来研究供应链成员的不同市场需求信息或
者产品成本信息获取的合同。其中，一些学者主要研究如何设计合同，然后
评估最优合同或者常用合同的性能（Cachon and Lariviere, 2001；Ha, 2001；
Cachon and Zhang, 2006；Özer and Wei, 2006；Burnetas et al., 2007；Chen
et al., 2016）。为了获取信息，供应链上下游之间签订合同来达成协议，常见
的合同类型有基于需求预测的合同和线性的合同。研究发现，在风险中立的第
三方机构拥有市场信息的合同设定下，线性合同优于其他的合同（包括基于需
求预测的合同）（Laffont and Tirole, 1986；McAfee and McMillan, 1987；Picard,
1987；Rao, 1990）。

有学者研究一个生产商在一个销售季节通过雇佣机构销售一种产品的
供应链。卖方收集市场信息并进行销售。卖方获取市场信息需要付出一定
的成本，但是市场信息的改善有利于生产商的需求预测和生产计划。模型
中对比分析了基于预测的合同和线性合同。研究发现，基于预测的合同可
能会优于线性合同（Lai and Xiao, 2009）。特雷西·刘易斯和大卫·萨宾

顿（Tracy R. Lewis and David E. M. Sappington，1997）将信息获取与随后出现的道德风险问题相结合，即在信息获取后，代理机构会隐藏信息来降低产品成本。罗春林等（2017）研究了两家相互竞争的制造商通过同一网络平台销售产品，上游制造商获取网络平台的需求信息问题。研究发现，如果平台提成比例较高、导致产品生产的规模经济比较明显时，平台将需求信息分享给制造商会损害平台的利润。当存在规模经济的情况下，由于"搭便车"效应的存在，没有获取信息的制造商可以从获取信息的竞争者中获益。在规模不经济的情况下，如果制造商不获取平台的信息，其利润会减少。

　　一些文献研究在供应链下游的零售商有机会获取市场信息的情况下，上游制造商如何来设计有效的激励合同。例如，特里·A. 泰勒和肖文强（Terry A. Taylor and Wenqiang Xiao，2009）在零售商可以通过付出昂贵的预测努力来提高其需求信息的质量时，比较了折扣合同和退货合同。付琦和朱凯捷（Qi Fu and Kaijie Zhu，2010）的研究表明，在零售商获取信息成本较高的情况下，回购和收益分享等常用的供应链契约可以实现渠道协调。申孝久和图奈 I. 通卡（2010）研究表明，基于市场的定价方案能够有效地诱导多个竞争零售商获取需求信息。特里·A. 泰勒和肖文强（2010）研究向零售商销售更准确的需求预测是否有益。与这些文献不同，本书中信息获取是指上游制造商与下游零售商签订信息买卖合同来获取下游零售商的信息，同时考虑市场不确定性、产品替代性和边界均衡对上游企业信息获取策略的影响。

2.2.4　团购

　　近些年，互联网技术促使美团、天猫聚划算等团购网站逐渐出现。罗伯特·J. 考夫曼（Robert J. Kauffman）认为，团购的本质为有同样需求的群体与商家进行价格博弈。除价格、数量及时间这些核心要素外，团购还受到消费者偏好和商家的信用水平（如团购网站的客户评论）等因素的影响。陈剑等（Jian Chen et al.，2010）通过研究消费者的团购动机，发现价格敏感性、感知风险性、从众性将明显影响消费者是否进行团购。罗伯特·J. 考夫曼等（2010）认为，消费者对团购发起人的信任问题也将影响其是否参加团购。陈剑（2010）证明了消费者保留价值受消费者价格共享的影响。陈灯能等（Deng-Neng Chen et al.，2011）把用户信任问题分解为三方面的信任，分别为消费者之间的信任、消费者对商家的信任以及消费者对团购网站的信任。孙派川等（Pi-Chuan Sun et al.，2010）检验了用户风险和风险的感知程度对团购的影响。李翠红等（Cuihong Li et al.，2005）和陈剑（Jian Chen，2009）将消费者结盟和价格共享作为前提，并重新设计了团购策略。

周茂森和但斌（2017）在由两个制造商和采购组织构成的团购供应链中研究制造商的采购问题，同时研究了数量折扣和产品替代性的影响。李毅鹏等（2018）在由多个供应商、一个制造商和一个零售商的多层供应链模型中，研究制造商和零售商在团购前后利润的变化，分析了在原模型、团购标准模型和协调模型中供应链以及其各成员的绩效变化。白世贞等（2016）构建了由一个商家和一个第三方平台构成的二级团购供应链盈利模型，分析了代理和自营两种经营模式下的各供应链主体的策略，通过对比，研究了第三方平台的两种经营模式下各决策变量的关系。肖肖和骆建文（2015）研究了拥有传统零售及网络销售的双渠道供应链中的集中决策和分散决策两种决策方式，并分析了不同情况下的最优团购决策。陈敬贤和马志强（2014）研究需求是否突变两种情形下零售商团购的供应链协调契约问题，并比较参与团购与不参与团购的零售商的最优利润，揭示出团购策略对制造商和零售商利润的影响。胡东滨等（2014）则基于信息共享角度，在考虑消费者特性的基础上研究了商家的团购策略。张国权等（2014）在团购模式与消费行为的基础上，考虑羊群行为及等待时间对消费者效用这两个重要因素，构建了团购（需要等待）和个体即时购的模型，最终研究了企业销售具有互补性的产品时的最优销售策略。

然而，这些研究都没有考虑边界均衡情况对团购企业的信息共享策略的影响，也没有考虑信息共享策略对团购决策的影响。本书研究在边界均衡情况下团购企业间的横向信息共享策略，以及在不同的信息共享策略下最优的团购数量和销售数量。

2.3　本章小结

　　本章首先介绍了与本书相关的理论基础，包括供应链、供应链管理、信息共享和信息获取。接着，对相关文献进行收集整理并分类分析。与本书研究供应链横向信息共享相关的文献主要是早期的经济学文献，研究寡头企业之间的水平信息共享，但是没有考虑边界情况。本书研究在二级供应链中的横向信息共享，同时考虑边界均衡和上游企业的批发价格对横向信息共享策略的影响。大多数学者关注于供应链的纵向信息共享，研究在一对一、一对多以及其他结构的供应链中的上下游企业之间的信息传递，但是没有考虑边界均衡对纵向信息共享策略的影响。本书在研究上下游之间纵向信息获取策略的同时，还关注了竞争企业之间的横向信息共享策略，同时考虑了边界均衡、市场的不确定性和产品的替代性对信息获取策略的影响。与团购相关的文献主要关注于最优的折扣价格、团购数量规模和团购时间等问题。但是这些研究都没有考虑边界均衡情况，也没有考虑信息共享策略对团购决策的影响。本书研究边界均衡的情况下团购企业之间的横向信息共享策略。

第3章 具有相同产能约束的
横向信息共享

3.1 概　　述

本章研究具有相同产能限制、相互竞争的制造商之间的信息共享策略和供应商的最优批发价格问题。在供应链模型中，供应商为制造商提供同质等价的原材料，下游制造商生产具有替代性的商品，在终端市场中销售，进行数量竞争，并受到相同的产能限制。本章在研究制造商的信息共享策略时考虑了上游供应商的批发价格对订货量和信息共享策略的影响。上游供应商通过调整批发价格可以影响制造商的信息共享决策。研究结果表明，制造商的产能约束会改变其信息共享方式。在没有产能限制的情况下，所有的订货量为内部均衡，制造商始终不会共享信息。当一些订货量受到产能限制处于边界均衡状态时，完全信息共享和完全信息不共享都可能成为博弈的占优策略。

3.2 模 型 构 建

本章构建了一个二级供应链：上游一个供应商和下游两个相互竞争的制造商。上游供应商向下游两家制造商 A 和 B 销售同质等价的原材料，下游两家制造商构成一个双寡头古诺模型，两个制造商从上游供应商购买原材料，生产同质且具有替代性的产品在终端市场进行销售。制造商之间进行数量竞争，且受到相同的产能限制 Q。制造商 A 和 B 每生产 q^A 和 q^B 产品需要从供应商购买同等数量（q^A 和 q^B）的原材料，例如手机制造商从上游供应商采购芯片、汽车制造商从上游供应商采购发动机、笔记本电脑制造商从上游供应商采购显示屏等。两家制造商分别制定自己的生产数量，并且在确定生产数量之前观测市场收集自己的需求信息，决定是否将自己的需求信息共享给与其竞争的另外一家制造商。制造商的信息共享策略会影响制造商和供应商的利润。假设：（1）供应商知道制造商的需求信息和产能限制情况；（2）供应链中供应商和制造商的边际成本都为 0。具体模型如图 3 – 1 所示。

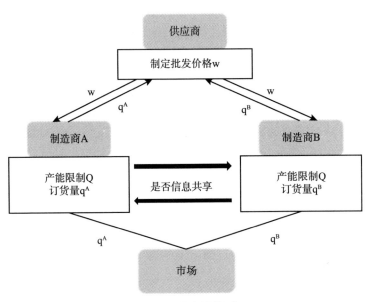

图 3 – 1　供应链模型 1

制造商面对的市场需求反函数为：$p = m - \delta \sum q^k$（Lode Li，2002），q^k 为制造商 k 的生产数量，且 $k \in K = \{A, B\}$。假设制造商的产能为 Q。δ 为常量，可以通过市场信息直接获取。m 为随机变量，假设 $m = \sum_{k \in \mathbb{K}} m_k$，$m_k$ 仅由制造商 k 可以观察到，每个公司在销售季节前独立地收集需求信息。因为顾客的忠诚度低以及产品具有替代性，当顾客感兴趣的产品库存不足时，一个企业的潜在客户可能从其转向另一家企业。所以，下游两家制造商共享需求市场，由 $m = \sum_{k \in \mathbb{K}} m_k$ 的值决定。为了方便计算，假设 $m_k \in$

$D = \{d_1, d_2\}$，d_1 和 d_2 分别表示市场需求高和低时的数值，可知 $d_1 < d_2$。m_k 为 d_1 和 d_2 的概率相同均为 $1/2$，$p(m_k = d_i) = 1/2$，$i = 1$，2。为了保证所有的订货量有意义（大于 0），本书限定批发价格 $w < 2d_1$。

如图 3 - 2 所示，供应链中的决策包括三个阶段。在第一阶段，供应商进行批发价格 w 的决策。假设供应商提供给两个制造商的原材料的价格相同，供应商向制造商销售原材料最终目的是实现利润最大化。在第二阶段，制造商进行信息共享决策。本章中制造商有两种不同的信息共享策略：（1）完全不信息共享（No Information Sharing，NIS），这种情况下制造商 K 不会将自己观测的需求信息 m_k 共享给另一家制造商；（2）完全信息共享（Full Information Sharing，FIS），制造商 K 会将自己观测的需求信息 m_k 共享给另一家制造商。在第三阶段，制造商由市场需求信息确定生产数量。

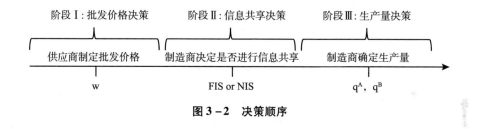

图 3 - 2　决策顺序

3.3　模型分析

接下来应用倒推法，首先求解制造商的最优生产数量，其次确定制造商的信息共享策略，最后计算上游供应商的最优批发价格。本章考虑制造商的订货量均为内部均衡的情况以及两家制造商的订货量受到产能限制的情况。

3.3.1　产量决策

在决策的第三个阶段，制造商根据已有的需求信息制定生产数量。q_{ij}^k

表示制造商 k 在需求状态为 d_i 且制造商 $\hat{k}$ 需求状态为 d_j 时制造商 k 的生产数量，$i, j \in \{1, 2\}$ 且 $\hat{k} \in K\backslash k$。在决策的最后一个阶段，制造商确定生产数量，在市场中销售产品来获取最高的利润。所以，下游制造商 k 的利润函数表达式为：

$$\max_{q_{ij}^k} \pi_{Mk}(i, j) = E_{i,j}\{q_{ij}^k[d_i + d_j - \delta(q_{ij}^k + q_{ji}^{\hat{k}})] - w)\}$$

$$\text{s. t.} \; 0 \leqslant q_{ij}^k \leqslant Q, \; i, j \in \mathbb{N} \quad\quad (3-1)$$

当制造商选择共享信息时，两个制造商能够知道对方的具体需求信息；当制造商不共享信息时，制造商 k 无法得知制造商 $\hat{k}$ 的需求。但是，制造商 k 可以推断制造商 $\hat{k}$ 的需求状态以及对应的产量决策。因此，在利润函数中，用期望需求来表示对方的需求。因此，不同情况下的利润函数 (3-1) 可以重写为以下形式：

当制造商共享需求信息时（FIS）：

$$\pi_{Mk}^{FIS}(i, j) = q_{ij}^k[d_i + d_j - \delta(q_{ij}^k + q_{ji}^{\hat{k}}) - w] \quad\quad (3-2)$$

当制造商不共享需求信息时（NIS）：

$$\pi_{Mk}^{NIS}(i, j) = q_{ij}^k\Big[d_j + \sum_{j=1}^{2}\frac{d_j}{2} - \delta\Big(q_{ij}^k + \sum_{j=1}^{2}\frac{q_{ji}^{\hat{k}}}{2}\Big) - w\Big] \quad\quad (3-3)$$

因为 $i, j \in \{1, 2\}$，所以制造商 A 和 B 都有四种不同的生产数量决策。由以上公式可以得到制造商 A 和 B 的产量决策分别为 $Q_A = \{q_{11}^A, q_{12}^A, q_{21}^A, q_{22}^A\}$ 和 $Q_B = \{q_{11}^B, q_{12}^B, q_{21}^B, q_{22}^B\}$。

在决策的第二阶段，制造商 A 和 B 根据估计的自身期望利润值进行信息共享决策，可由公式 (3-4) 来表示。前文假设两个公司的 m_k 相互独立且 $p(m_k = d_i) = 1/2$，则：

$$\pi_{Mk} = E_{i,j}[\pi_{Mk}(i, j)] = \frac{1}{4}\sum_{i=1}^{2}\sum_{j=1}^{2}\pi_{Mk}(i, j) \quad\quad (3-4)$$

在决策的第一阶段，上游供应商通过调整批发价格来实现利润最大化，供应商的利润函数表达式如下：

$$\pi_S = w\Big[\sum_{k=A,B}E_{i,j}(q_{ij}^k)\Big] \qu\ququad (3-5)$$

接下来，考虑制造商的生产数量决策。根据公式 (3-2) 和式 (3-3)，计算制造商在不同的信息共享策略下的最优生产数量。需要注意的是，制造商的生产数量会受到产能 Q 的限制。当生产数量大于产能限制 Q 时，最优的生产数量只能取到边界值 Q。在本章的模型中，下游制造商 A 和 B 为完全相同的企业，且受到相等的产能限制，求解均衡条件的方法相同，均衡解也相同，所以在计算分析过程中不再区分。

制造商不受产能限制时（见表 3 – 1 情形 1）的订货量为：

（1）当制造商不共享需求信息时：

$$q_{11}(\text{NIS}) = q_{12}(\text{NIS}) = \frac{7d_1}{12\delta} + \frac{d_2}{12\delta} - \frac{w}{3\delta}$$

$$q_{21}(\text{NIS}) = q_{22}(\text{NIS}) = \frac{d_1 + 7d_2 - 4w}{12\delta}$$

（2）当制造商共享需求信息时：

$$q_{11}(\text{FIS}) = \frac{2d_1 - w}{3\delta}$$

$$q_{21}(\text{FIS}) = q_{12}(\text{FIS}) = \frac{d_1 + d_2 - w}{3\delta}$$

$$q_{22}(\text{FIS}) = \frac{2d_2 - w}{3\delta}$$

根据上边的计算结果比较制造商不受产能限制时的订货量的大小关系，能够得到引理 3 – 1。

引理 3 – 1： 在订货量不受产能限制的情形下，下游制造商在均衡条件下的订货量大小关系为：

$q_{22}(\text{FIS}) > q_{21}(\text{NIS})$，$q_{22}(\text{NIS}) > q_{12}(\text{FIS})$，$q_{21}(\text{FIS}) > q_{11}(\text{NIS})$，$q_{12}(\text{NIS}) > q_{11}(\text{FIS})$。[①]

订货量都不受到产能限制的条件为最大的订货量小于 Q，由此可以得到 Q 的范围：$q_{22}(\text{FIS}) = (2d_2 - w)/(3\delta) < Q$。当所有订货量的取值为正数时，$w < 2d_1$。得到 w 的取值范围：$2d_2 - 3Q\delta < w < 2d_1$。

根据制造商订货量的大小关系，本书由小到大依次讨论订货量是否受到产能限制的情形，可得到如表 3 – 1 所示六种订货量情形，用 "IE" 和 "BE" 分别表示订货量处于内部均衡和边界均衡。具体计算过程见附录。

---

① 本书中所有引理和定理的证明详见附录。

表 3 - 1　　　　　　　　　　　订货量情形

情形	条件	q22 (FIS) q22 (NIS)	q21 (NIS) q21 (FIS)	q12 (FIS) q12 (NIS)	q11 (NIS) q11 (FIS)	q11 (FIS)
$1(q_1^{IE})$	$w_1 < w$	q_1	q_2	q_3	q_4	q_5
$2(q_2^{BE})$	$w_2 < w \leq w_1$	Q	q_2	q_3	q_4	q_5
$3(q_3^{BE})$	$w_3 < w \leq w_2$	Q	Q	q_3	q_6	q_5
$4(q_4^{BE})$	$w_4 < w \leq w_3$	Q	Q	Q	q_6	q_5
$5(q_5^{BE})$	$w_5 < w \leq w_4$	Q	Q	Q	Q	q_5
$6(q_6^{BE})$	$w \leq w_5$	Q	Q	Q	Q	Q

表 3 - 1 中总结了每一种最优订货量情形，下式列出了最优订货量为内部解时的取值，与表格中的 q 值对应。

$$
\begin{cases}
q_1 = \dfrac{2d_1 - w}{3\delta} \\[2mm]
q_2 = \dfrac{7d_1}{12\delta} + \dfrac{d_2}{12\delta} - \dfrac{w}{3\delta} \\[2mm]
q_3 = \dfrac{d_1 + d_2 - w}{3\delta} \\[2mm]
q_4 = \dfrac{d_1 + 7d_2 - 4w}{12\delta} \\[2mm]
q_5 = \dfrac{2d_2 - w}{3\delta} \\[2mm]
q_6 = \dfrac{2w - 3d_1 - d_2}{5\delta} - \dfrac{Q}{5}
\end{cases}
$$

下式为表 3 - 1 中每种订货量情形中批发价格在不同取值范围内的边界值。

$$
\begin{cases}
w_1 = 2d_2 - 3Q\delta \\[2mm]
w_2 = \dfrac{d_1 + 7d_2 - 12Q\delta}{4} \\[2mm]
w_3 = d_1 + d_2 - 3Q\delta \\[2mm]
w_4 = \dfrac{3d_1 + d_2 - 6Q\delta}{2} \\[2mm]
w_5 = 2d_1 - 3Q\delta
\end{cases}
$$

在每种订货量情形中，通过计算比较下游制造商在完全信息共享和信息不共享时的期望利润来决定是否共享信息，并求出供应商的最大利润。比较上游供应商在不同订货量情况下的利润得出供应商最终的最大利润，上游供应商最大利润对应的定价为供应商的最优批发价格。

3.3.2　信息共享策略和批发价格决策

上文详细介绍了本书构建的供应链信息共享的模型，并计算出制造商在每一种订货量情形中不同信息共享策略下的最优订货量。由上一节分析得知，供应商的定价不同，制造商的订货量不同，受到产能限制的情况也不同。根据定价的范围，制造商的订货量分为六种不同的情况。接下来，在每一种订货量情况中，分析讨论制造商的信息共享决策和供应商的最优定价策略。

在本章中，上游供应商的最大利润可能在下游制造商不同的信息共享策略下获得。制造商的信息共享策略不同，供应商的最优定价也不同。那么，如何来确定上游的最优定价和最大利润？将批发价格 w 代入下游制造商的利润函数中，计算出制造商在不同的信息共享策略下的利润。然后，比较制造商在共享信息和不共享信息时的利润值大小来确定制造商是否选择信息共享，从而得出制造商的最优信息共享策略和最大利润。由上一章分析可知，批发价格 w 有六种不同的取值范围，即六种不同的订货量情况。在计算过程中，首先计算出六种情况下上游供应商的最大利润（π_{Si}^{*}，$i = 1,\ 2,\ \cdots,\ 6$）和对应的最优定价（w_i^{*}，$i = 1,\ 2,\ \cdots,\ 6$），再比较 π_i^{*} 得出的最大利润为上游供应商的全局最大利润 π_S^{*} $[\pi_S^{*} = \max(\pi_i)]$，相应的定价为最优定价 w^{*}。

接下来详细介绍了六种均衡情形。在每种均衡情形中讨论上游供应商的最优定价时，只考虑批发价格 w 在取值范围内利润函数的极大值点对应的定价。当批发价格 w 的值超出取值范围时为另外一种订货量情形。

定理 3-1： 当 $w_1 < w_1^{*}$ 时，下游制造商的均衡解为 q_1^{IE}，可得到如下结论：

（1）$\pi_{M1}^{NIS} > \pi_{M1}^{FIS}$，完全信息不共享始终是制造商的占优策略；

（2）$\pi_{S1}^{NIS} = \pi_{S1}^{FIS}$；

（3）供应商的最优定价为：$w_1^* = (d_1 + d_2)/2$，供应商能够获得的最大利润为：$\pi_{S1}^* = (d_1 + d_2)^2/12\delta$；

以上结果说明，对于下游的制造商来说，信息不共享的利润始终大于信息共享的利润，因此下游制造商一定会选择完全信息不共享。上游供应商在下游制造商完全信息共享和信息不共享时的期望利润相等，所以，下游是否共享信息对于上游而言无影响。这种情形下，上游供应商和下游制造商期望的信息共享策略相同。在不同的情况下，上游供应商可以选择不同的定价来实现利润的最大化。当订货量不受到产能限制时，上游供应商的利润增加到一定的程度将不再继续增加，而是成为一个定值。

定理 3－2： 当 $w_2 < w_2^* < w_1$，下游制造商的均衡解为 q_2^{BE} 时，可得到如下结论：

（1）$\pi_{M2}^{NIS} < \pi_{M2}^{FIS}$，完全信息共享始终是制造商的占优策略；

（2）$\pi_{S2}^{NIS} > \pi_{S2}^{FIS}$；

（3）供应商的最优定价为 $w_2^* = (4d_1 + 2d_2 + 3Q\delta)/6$，供应商能够获得的最大利润为 $\pi_{S2}^* = (4d_1 + 2d_2 + 3Q\delta)^2/144\delta$。

分析定理 3－1 和定理 3－2 可知，产能限制 Q 影响下游制造商的信息共享方式。定理 3－2 中订货量 q_{22}（FIS）受到产能限制绑定在 Q，下游制造商会与其竞争者共享信息；在定理 3－1 中，制造商所有的订货量都没有受到产能限制，q_{22}（FIS）= $(2d_1 - w)/3\delta > Q$，下游制造商之间不会共享信息。若下游制造商 A 和 B 是相互之间没有竞争的利益共同体，此时的利润大于本书中模型的利润，q_{22}（FIS）= $(2d_1 - w)/4\delta < (2d_1 - w)/3\delta$。说明 A 和 B 之间存在竞争关系的最优订货量要大于 A 和 B 相互之间没有竞争时的订货量。增加产能限制后，q_{22}（FIS）= Q，更接近于 $(2d_1 - w)/4\delta$，最大利润增加。

由定理 3－2 可知，对于下游制造商来说，信息共享的利润始终大于信息不共享的利润，完全信息共享始终是下游制造商的占优策略。上游供应商希望下游制造商完全信息不共享。这种情形下，上游供应商和下游制造商产生利益冲突，上游供应商可以选择不同的定价影响下游制造商是否共享信息的决策，从而来实现利润的最大化。

定理 3 –1 和定理 3 –2 情况较为简单，在批发价格 w 的取值范围内，下游制造商的信息共享方式为单一的情况，因此上游的最优定价和最大利润也为唯一确定的值。下面要讨论的情形 3 较为复杂，在批发价格 w 的取值范围内，下游制造商的信息共享方式为可能共享也可能不共享。由于信息共享与不共享时的订货量不同，上游的最大利润函数也有不同的表达式，且利润函数为分段函数。因此，在情形 3 中供应商存在四个备选的最优利润 Π_{31}，Π_{32}，Π_{33} 和 Π_{34}，以及对应的最优批发价格 w_{31}，w_{32}，w_{33} 和 w_{34}。Π_{31} 和 Π_{32} 表示制造商选择信息共享和信息不共享利润相等时（即 $\pi_{M3}^{NIS} = \pi_{M3}^{FIS}$）供应商的最优利润，$\Pi_{33}$ 和 Π_{34} 分别表示制造商信息共享和信息不共享时供应商在其利润函数（π_{S3}^{NIS} 和 π_{S3}^{FIS}）的极值点的取值。

定理 3 –3：当 $w_3 < w_3^* < w_2$ 时，可得到如下结论：

供应商的最优利润为 $\pi_{S3}^* = \max\{\Pi_{31}, \Pi_{32}, \Pi_{33}, \Pi_{34}\}$，对应的最优价格为 w_3^*，其中：

$$\begin{cases} w_{31} = \dfrac{1}{3}(2d_1 + 4d_2 - 9Q\delta) \quad \Pi_{31} = \max\{\pi_{S33}^{NIS}, \pi_{S33}^{FIS}\}, \text{ if } w_3 < w_{31} < w_2; \\[2mm] w_{32} = -2(3d_1 - 4d_2 + 9Q\delta) \quad \Pi_{34} = \max\{\pi_{S34}^{NIS}, \pi_{S32}^{FIS}\}, \text{ if } w_3 < w_{32} < w_2; \\[2mm] w_{33} = \dfrac{(3d_1 + d_2 + 4Q\delta)}{4} \quad \Pi_{33} = \dfrac{(3d_1 + d_2 + 4Q\delta)^2}{80\delta}, \text{ if } \Delta_{31} > 0 \text{ 且 } w_3 < w_{33} < w_2; \\[2mm] w_{34} = \dfrac{(4d_1 + 2d_2 + 3Q\delta)}{6} \quad \Pi_{34} = \dfrac{(4d_1 + 2d_2 + 3Q\delta)^2}{144\delta}, \text{ if } \Delta_{32} < 0 \text{ 且 } w_3 < w_{34} < w_2; \end{cases}$$

定理 3 –4 与定理 3 –3 类似，完全共享信息和完全不共享信息都有可能成为制造商的占优策略。定理 3 –4 中供应商同样存在四个备选的最优利润 Π_{41}，Π_{42}，Π_{43} 和 Π_{44}，以及对应的最优定价 w_{41}，w_{42}，w_{43} 和 w_{44}。其中，Π_{41} 和 Π_{42} 表示在制造商选择不共享信息和共享信息利润相等时（$\pi_{M4}^{NIS} = \pi_{M4}^{FIS}$）供应商的最优利润，$\Pi_{43}$ 和 Π_{44} 分别是制造商信息共享和信息不共享时上游供应商在其利润函数（π_{S4}^{NIS} 和 π_{S4}^{FIS}）的极值点的取值。定理 3 –4 的计算过程与定理 3 –3 相似，具体分析如下。

定理 3 –4：当 $w_4 < w_4^* < w_3$ 时，可得到如下结论：

供应商的最优利润为 $\pi_{S4}^* = \max\{\Pi_{41}, \Pi_{42}, \Pi_{43}, \Pi_{44}\}$，对应的最优价格为 w_4^*。其中：

$$\begin{cases} \Pi_{41} = \max\{\pi_{S41}^{NIS}, \pi_{S41}^{FIS}\}, \text{ if } w_4 < w_{41} < w_3 \\ \Pi_{42} = \max\{\pi_{S42}^{NIS}, \pi_{S42}^{FIS}\}, \text{ if } w_4 < w_{42} < w_3 \\ w_{43} = \dfrac{(3d_1 + d_2 + 4Q\delta)}{4} \ \Pi_{43} = \dfrac{(3d_1 + d_2 + 4Q\delta)^2}{80\delta}, \text{ if } \Delta_{41} > 0 \text{ 且 } w_4 < w_{43} < w_3 \\ w_{44} = \dfrac{(2d_1 + 9Q\delta)}{2} \ \Pi_{44} = \dfrac{w(2d_1 + 9Q\delta - w)}{12\delta}, \text{ if } \Delta_{42} < 0 \text{ 且 } w_4 < w_{44} < w_3 \end{cases}$$

定理 3-3 和定理 3-4 表明，下游的制造商根据自己的利润大小来决定完全信息共享还是完全信息不共享。

定理 3-5： 当 $w_5 < w_5^* < w_4$，下游制造商的均衡解为 q_5^{BE} 时，可得到如下结论：

（1）$\pi_{M5}^{NIS} < \pi_{M5}^{FIS}$，完全信息共享是制造商的占优策略；

（2）$\pi_{S5}^{NIS} > \pi_{S5}^{FIS}$；

（3）供应商的最优定价为：$w_5^* = (2d_1 + d_2 9Q\delta)/2$，供应商能够获取的最大利润为：$\pi_{S5}^* = (2d_1 + 9Q\delta)/48\delta$；

以上定理表明，下游的制造商将信息共享给其竞争者后的利润高于不共享信息的利润，所以信息共享始终是制造商的占优策略。对于上游供应商而言，在下游制造商之间没有信息共享时的期望利润更高，因此上游供应商希望下游制造商选择完全信息不共享。这种情形与情形2类似，上游供应商和下游制造商产生了利益冲突，上游供应商可以选择不同的批发价格影响下游制造商的信息共享决策，以实现利润最大化。

定理 3-6： 当 $w_6^* < w_5$，下游制造商的均衡解为 q_6^{BE} 时，可得到如下结论：

（1）$\pi_{M6}^{NIS} = \pi_{M6}^{FIS}$，完全信息共享和完全信息不共享对制造商而言没有影响；

（2）$\pi_{S6}^{NIS} = \pi_{S6}^{FIS}$；

（3）供应商的利润随着批发价格的增加而增加。供应商的最优定价为 $w_6^* = 2d_1 - 3Q\delta$，供应商能够获得的最大利润为 $\pi_{S6}^* = 4Q(2d_1 - 3Q\delta)$。

以上定理说明，下游的制造商选择信息不共享的利润等于信息共享时的利润，所以选择完全信息不共享和完全信息共享对制造商没有影响。下游制造的信息共享策略不会影响供应商的利润。供应商的利润是批发价格的增函数，随着批发价格的增加而增加。而定价是产能限制的减函数，批发价格随着产能的增加而降低。上游供应商的利润随着产能的增加不断增加。

引理 3 - 2：在订货量情形 6 中，批发价格 w 随着产能限制 Q 的增加而减少；在订货量情形 5 中，批发价格 w 随着产能限制 Q 的增加而增加。

当产能限制 Q 足够小时，为订货量情形 6，上游供应商的利润由最优定价 w 和产能限制 Q 决定。在产能限制 Q 逐渐增加的过程中，为了保证上游供应商的最大利润在订货量情形 6 中获得，则最优批发价格逐渐降低。当产能限制 Q 增加到一定的值以后，继续减小批发价格 w 获得的利润（订货量情形 6 情况下的利润）小于增加批发价格 w 获得的利润（订货量情形 5 情况下的利润），此时订货量情形 6 变为订货量情形 5，定价随着产能的增加反而开始增加。以上引理说明批发价格随产能的增加不是呈现单一的变化。

综合以上 6 种情形的分析可以发现，在不同的价格区间和订货量均衡解的情形下，下游信息共享的均衡策略和上游的期望并不一致（如情形 2 和情形 5）。所以，供应商制定的批发价格会影响制造商的信息共享策略和订货量决策。同时产能使得这一互动关系更加复杂，从而难以给出最优定价策略的结构解。以下基于上述 6 种情形的分析结果开发算法程序，求解上游的最优批发价格以及下游对应的信息共享策略。

3.4　数 值 分 析

3.3 节给出了批发价格在不同取值范围内制造商的信息共享策略和供应商最优定价策略。本章在数值分析中开发了一套算法程序来计算供应商的最优批发价格 w。在算法中，在批发价格变化范围内计算出每种订货量情形中供应商的最大利润和对应的最优批发价格，然后比较六种不同情形下的利润，将最大利润对应的批发价格确定为全局的最优定价。具体计算步骤如下。

（1）根据制造商的市场需求反函数和产能限制 Q，将制造商的订货量分为六种不同的情形，并分析计算出每种订货量情形中制造商的最优生产数量和供应商的批发价格的变化范围；

（2）分别计算六种不同的订货量情形下制造商在完全信息共享和信息不共享时的订货量和利润，比较在信息共享和不共享时的制造商的利润大小来确定每种订货量情形下制造商的信息共享策略；

（3）分别计算六种情形下上游供应商的最大利润和最优定价；

（4）比较六种情形下供应商的利润，将六种情况中最大利润确定为供应商的全局最大利润，其对应的批发价格为最优定价；

根据以上步骤，运用 MATLAB 编程，计算在不同的产能限制下最优的生产数量、信息共享策略和批发价格，以及制造商和供应商的利润。假设 $d_1 = 2$，$d_2 = 3$，$\delta = 0.2$，产能限制 Q 以步长为 0.1 从 1 到 7 进行变化。

数值计算结果如图 3 - 3、图 3 - 4 和图 3 - 5 所示。

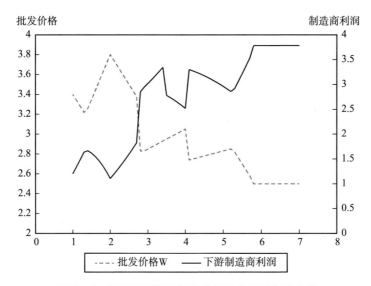

图 3 - 3　制造商利润及批发价格随产能限制的变化

图 3 - 3 表明，上游供应商的批发价格 w 在 2.5 到 4 进行变化，批发价格的最小值为 $w = (d_1 + d_2)/2 = 2.5$。当产能限制 Q 较小时（$Q \leq \bar{Q}$，$\bar{Q} = (3d_2 - d_1)/6\delta$），批发价格随着产能的增加而波动，但是整体呈下降趋势。当产能限制 Q 较大时（$Q \geq \bar{Q}$），供应商的批发价格保持不变。这是因为当产能限制足够大时，所有的订货量都不再受到产能的限制，处于内部均衡状态，订货量、批发价格和利润都不会随着产能限制的变化而

变化，此时对应第一种订货量情形。当 $Q \leq \overline{Q}$ 时，制造商的利润随着产能的增加而波动，但是整体呈上升趋势；当 $Q \geq \overline{Q}$ 时，制造商的利润达到最大值并保持不变。从图 3-3 中还可以发现，制造商的利润与批发价格呈反向变化：下游制造商的利润随着批发价格的增加而减小，随着批发价格的降低而增加。所以，产能限制会影响制造商的利润和供应商的最优定价。

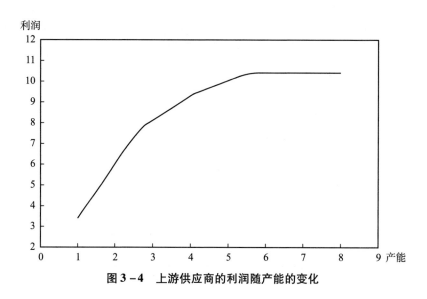

图 3-4　上游供应商的利润随产能的变化

由图 3-4 可知，如果产能限制 $Q \leq \overline{Q}$，供应商的利润随着产能限制 Q 的增加而增加，并在 $\overline{Q}$ 取得最大值；当 $Q \geq \overline{Q}$ 时，上游供应商的利润保持稳定，不再随着 Q 的变化而变化。当下游的产能约束增加时，实际给了上游更大的调整批发价格的空间，而不用考虑下游订货量的限制。因此，上游供应商能够通过调整批发价格来影响制造商是否与其竞争对手共享信息，从而获取更高的利润，实现其利润最大化。当制造商的产能限制较大时（$Q \geq \overline{Q}$），所有的订货量都没有受到产能的限制处于内部均衡，此时最优的订货量为定值，为订货量情形 1，制造商和供应商之间没有利润冲突。所以，供应商的利润也不再变化。

图 3-5 表明产能限制 Q 会影响制造商的信息共享策略。当产能限制比较大时（例如，$Q = 6.5$），所有的订货量都是内部解，此时信息不共享

是占优策略；当产能限制比较小时（例如 Q = 2，Q = 3），由于边界均衡的影响，信息共享和信息不共享都可能成为占优策略。从图 3 - 5 可知，即使在同一种边界均衡状态下（如情形 3），随着产能约束 Q 的变化，信息共享和不共享都会成为均衡策略。这也表明，在同一模型结构中，信息共享的占优策略并非唯一的，市场参数（如产能）也会影响最终的信息共享策略。

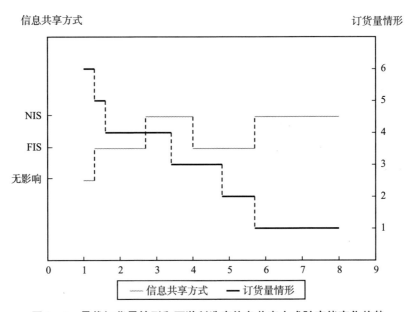

图 3 - 5　最优订货量情形和下游制造商信息共享方式随产能变化趋势

3.5　本章小结

本章构建了一个二级供应链模型：包含上游一个供应商和下游两个相互竞争的制造商。考虑了制造商受到对称的产能约束的情况。在以往的未考虑产能限制影响的研究中，很多学者认为制造商在进行数量竞争时不会进行需求信息共享。本章研究有以下发现。

（1）制造商的信息共享策略和最优生产数量决策受到产能限制的影响。在没有产能限制时，信息不共享始终是制造商的占优策略。在有产能限制的情况下，信息共享和信息不共享都有可能成为制造商的占优策略。制造商是否信息共享取决于产能限制水平。并且，在不同的产能限制下，制造商的最优生产数量也不同。

（2）本章为上游制造商如何制定最优的批发价格提供了新方法。在供应链中上下游之间没有纵向的信息传递的情况下，供应商制定不同的批发价格来影响制造商的信息共享和订货量决策，从而建立上下游企业之间的连接。上游供应商可以将定价策略作为影响下游制造商信息共享策略的有力工具，从而实现自身利润最大化。

（3）制造商的产能限制会影响供应商的定价策略和最大利润。数值分析表明，下游制造商产能限制越大，供应商的利润越大。然而，制造商的利润随着产能限制的增长而波动，总体上呈上升趋势。

这些结果对供应链中相互竞争的企业的信息共享策略有指导作用，同时对上游企业如何通过定价来影响下游企业的信息共享策略、从而实现自身利润最大化具有一定的参考价值。

第4章　具有非对称产能约束的横向信息共享

4.1　概　　述

第 3 章研究了受到相同产能限制的制造商之间的横向信息共享策略。本章在第 3 章的基础上，将模型一般化，研究受到非对称的产能限制的制造商之间的横向信息共享策略和供应商的定价问题。与第 3 章的模型类似，上游供应商向下游两家制造商出售同质等价的原材料，下游制造商生产具有替代性的商品并在市场上进行数量竞争，其中一家制造商受到产能限制。以 Cournot 博弈为研究手段，求解了制造商的均衡订货决策和信息共享策略，分析比较了在不同的信息共享策略下制造商的利润、供应商的利润和批发价格。与第 3 章中的模型不同的是，本章考虑了四种信息共享策略：完全信息共享、完全信息不共享和其中一个共享另外一个不共享。研究表明，制造商的订货量受到产能约束时，制造商的信息共享策略会反向。在某些情况下，由于受到非对称的产能限制，非对称的信息共享策略也可能成为制造商的占优策略。上游供应商通过调整批发价格可以影响制造商的信息共享决策。该模型同样可以为上游供应商提供一种最优定价策略，也为下游制造商提供了求解自身最优订货量和信息共享决策的方法。

4.2　模　型　构　建

与第 3 章的模型相同，本章同样构建了由一个供应商和两家制造商构成的二级供应链：下游两家制造商（A 和 B）生产同质且可替代性的产品并在终端市场进行数量竞争。上游的供应商为下游制造商提供相同的原材料，批发价格为 w。不同点为下游制造商受到非对称的产能限制：制造商 A 的产能限制为 Q，制造商 B 没有产能限制。其他的假设与第 3 章相同。制造商面对的市场需求反函数与第 3 章相同：$p = m - \delta \sum q^k$。具体模型如图 4 - 1 所示。

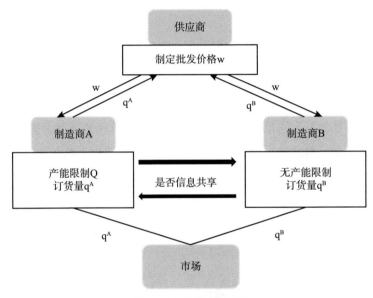

图 4 - 1 供应链模型 2

供应链中的决策与第 3 章类似，同样包括三个阶段，如图 4 - 2 所示。

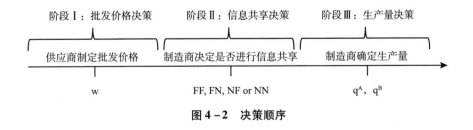

图 4 - 2 决策顺序

在第一阶段，供应商进行价格决策 w。假设供应商提供给两个制造商的价格相同,供应商向制造商销售原材料最终目的是实现利润最大化。在第二阶段,制造商进行信息共享决策。本书考虑四种信息共享策略:(1)完全不信息共享;(2)完全信息共享;(3)只有制造商 A 共享信息(简称 FN),此时制造商 A 将需求信息共享给制造商 B,但是制造商 B 不会把信息共享给制造商 A;(4)只有制造商 B 共享信息(简称 NF),此时制造商 B 将需求信息共享给制造商 A,但是制造商 A 不会把信息共享给制造商 B。在第三阶段,制造商根据市场的需求信息确定最终的生产数量。

4.3 模 型 分 析

与第 3 章的分析方法类似,本章同样应用倒推法,首先计算制造商的最优生产数量,其次确定制造商的信息共享策略,最后决定供应商的最优批发价格。本章考虑制造商的订货量均为内部均衡的情况以及制造商 A 的订货量受到产能限制,绑定在 Q 的情况。

4.3.1 产量决策

在决策的最后一个阶段,假设制造商 A 和 B 的信息共享策略分别为 I 和 J（I, J ∈ {N, F}）。制造商根据已有的需求信息制定生产数量。$\pi_k^{IJ}(i, j)$ 表示在信息共享策略为 IJ 时,制造商 k 的需求信息为 d_i,制造商 $\hat{k}$ 的需求信息为 d_j 的情况下制造商 k 的利润,其中 $i, j \in \{1, 2\}$ 且 $\hat{k} \in K \backslash k$。

在决策的最后一个阶段,制造商确定生产数量,在市场中销售产品来获取最高的利润。所以,下游制造商 k 的利润函数表达式为:

$$\max_{q_{ij}^k} \pi_{Mk}^{IJ}(i, j) = E_{i,j}\{q_{ij}^k[d_i + d_j - \delta(q_{ij}^k + q_{ji}^{\hat{k}})] - w\}$$

$$\text{s. t. } 0 \leq q_{ij}^A \leq Q \qquad (4-1)$$

模型考虑四种信息共享策略:FF,NN,FN 和 NF。在制造商都信息共享的情况下(FF),制造商的利润函数为:

$$\pi_{Mk}^{FF}(i, j) = q_{ij}^k[d_i + d_j - \delta(q_{ij}^k + q_{ji}^{\hat{k}}) - w] \qquad (4-2)$$

当制造商选择信息不共享时（NN），制造商的利润函数：

$$\pi_{Mk}^{NN}(i, j) = q_{ij}^{k}\Big[d_j + \sum_{j=1}^{2} \frac{d_j}{2} - \delta\Big(q_{ij}^{k} + \sum_{j=1}^{2} \frac{q_{ji}^{\hat{k}}}{2} \Big) - w \Big] \qquad (4-3)$$

当制造商 A 共享信息、制造商 B 不共享信息（FN）时，制造商 B 知道制造商 A 的需求信息，制造商 A 只能推断制造商 B 的需求状态及对应的产出决策。因此，两个制造商的利润函数分别为：

$$\pi_{MA}^{FN}(i, j) = q_{ij}^{A}\Big[d_j + \sum_{j=1}^{2} \frac{d_j}{2} - \delta\Big(q_{ij}^{A} + \sum_{j=1}^{2} \frac{q_{ji}^{B}}{2} \Big) - w \Big] \qquad (4-4)$$

$$\pi_{MB}^{FN}(i, j) = q_{ij}^{B}(d_i + d_j - \delta(q_{ij}^{B} + q_{ji}^{A}) - w) \qquad (4-5)$$

类似地，在制造商 A 不共享信息，制造商 B 共享信息时，两家制造商的利润函数如下：

$$\pi_{MA}^{NF}(i, j) = q_{ij}^{A}\Big[d_i + d_j - \delta(q_{ij}^{A} + q_{ji}^{B}) - w \Big] \qquad (4-6)$$

$$\pi_{MB}^{NF}(i, j) = q_{ij}^{B}\Big[d_j + \sum_{j=1}^{2} \frac{d_j}{2} - \delta\Big(q_{ij}^{B} + \sum_{j=1}^{2} \frac{q_{ji}^{A}}{2} \Big) - w \Big] \qquad (4-7)$$

在决策的第二阶段，制造商 A 和 B 根据估计的自身期望利润值进行信息共享决策，可由公式（4-8）来表示。前文假设两个制造商的 m_k 相互独立且 $p(m_k = d_i) = 1/2$，制造商的期望利润如下：

$$\pi_{Mk}^{IJ} = E_{i,j}\big[\pi_{Mk}(i, j) \big] = \frac{1}{4} \sum_{i=1}^{2} \sum_{j=1}^{2} \pi_{Mk}^{IJ}(i, j) \quad I, J \in \{N, F\}$$

$$(4-8)$$

在决策的第一个阶段，上游供应商通过调整批发价格来实现利润最大化，供应商的利润函数表达式如下所示：

$$\pi_{S} = w\Big[\sum_{k=1}^{2} E_{i,j}(q_{ij}^{k}) \Big] \qquad (4-9)$$

基于以上的利润函数，接下来研究产能限制对制造商和供应商的决策影响。根据公式（4-2）至公式（4-7）计算在四种信息共享策略下制造商的均衡数量决策。在制造商不受产能限制的情况下，当制造商的信息共享策略为 NN 时的最优订货量为：

$$q_{11}^{k} = q_{12}^{k} = (7d_1 + d_2 - 4w)/12\delta$$

$$q_{21}^{k} = q_{22}^{k} = (d_1 + 7d_2 - 4w)/12\delta$$

当制造商的信息共享策略为 FF 时的最优订货量为：

$$q_{11}^k = (2d_1 - w)/3\delta$$

$$q_{21}^k = q_{12}^k = (d_1 + d_2 - w)/3\delta$$

$$q_{22}^k = (2d_2 - w)/3\delta$$

当制造商的信息共享策略为 FN 时的最优订货量为：

$$q_{11}^A = q_{12}^A = (3d_1 + d_2 - 2w)/6\delta$$

$$q_{21}^A = q_{22}^A = (d_1 + 3d_2 - 2w)/6\delta$$

$$q_{11}^B = (9d_1 - d_2 - 4w)/12\delta$$

$$q_{12}^B = (5d_1 + 3d_2 - 4w)/12\delta$$

$$q_{21}^B = (3d_1 + 5d_2 - 4w)/12\delta$$

$$q_{22}^B = (-d_1 + 9d_2 - 4w)/12\delta$$

当制造商的信息共享策略为 NF 时的最优订货量为：

$$q_{11}^A = (9d_1 - d_2 - 4w)/12\delta$$

$$q_{12}^A = (5d_1 + 3d_2 - 4w)/12\delta$$

$$q_{21}^A = (3d_1 + 5d_2 - 4w)/12\delta$$

$$q_{22}^A = (-d_1 + 9d_2 - 4w)/12\delta$$

$$q_{11}^B = q_{12}^B = (3d_1 + d_2 - 2w)/6\delta$$

$$q_{21}^B = q_{22}^B = (d_1 + 3d_2 - 2w)/6\delta$$

根据以上计算结果比较制造商不受产能限制时的订货量的大小关系，可以得到引理4-1。

引理4-1：制造商 A 的订货量不受产能限制时，在均衡条件下的订货量存在以下大小关系：

$q_{22}^A(NF) > q_{22}^A(FF) > q_{21}^A(NN) = q_{22}^A(NN) > q_{21}^A(FN) = q_{22}^A(FN) > q_{21}^A(NF) > q_{12}^A(FF) = q_{21}^A(FF) > q_{12}^A(NF) > q_{11}^A(FN) = q_{12}^A(FN) > q_{11}^A(NN) = q_{12}^A(NN) > q_{11}^A(FF) > q_{11}^A(NF)$。

引理4-1表明由于不同信息共享策略和市场需求，在内部均衡情况下制造商存在 11 种不同的生产数量。当制造商 A 的生产数量受到产能的限制绑定在 Q 时，取边界值 Q。根据其大小关系，依次讨论生产数量是否受到产能限制的情况，可将制造商 A 的订货量分为 10 种订货量情况，如表4-1所示。制造商 B 的最优订货量如表4-2所示。

表 4 - 1　订货量情形

情形	条件	q_{22}^A (NF)	q_{22}^A (FF)	q_{21}^A (NN)	q_{21}^A (FN)	q_{21}^A (NF)	q_{12}^A (FF)	q_{12}^A (NF)	q_{11}^A (FN)	q_{11}^A (NN)	q_{11}^A (FF)	q_{11}^A (NF)
1 (q_1^{IE})	$w_1 < w$	q_1	q_2	q_3	q_4	q_5	q_6	q_7	q_8	q_9	q_{10}	q_{11}
2 (q_2^{BE})	$w_2 < w \leqslant w_1$	Q	q_2	q_3	q_4	q_5	q_6	q_{12}	q_8	q_9	q_{10}	q_{11}
3 (q_3^{BE})	$w_3 < w \leqslant w_2$	Q	Q	q_3	q_4	q_5	q_6	q_{12}	q_8	q_9	q_{10}	q_{11}
4 (q_4^{BE})	$w_4 < w \leqslant w_3$	Q	Q	Q	q_4	q_5	q_6	q_{12}	q_8	q_{13}	q_{10}	q_{11}
5 (q_5^{BE})	$w_5 < w \leqslant w_4$	Q	Q	Q	Q	q_5	q_6	q_{12}	q_8	q_{13}	q_{10}	q_{11}
6 (q_6^{BE})	$w_6 < w \leqslant w_5$	Q	Q	Q	Q	Q	q_6	q_{12}	q_8	q_{13}	q_{10}	q_{14}
7 (q_7^{BE})	$w_7 < w \leqslant w_6$	Q	Q	Q	Q	Q	Q	Q	Q	q_{13}	q_{10}	q_{14}
8 (q_8^{BE})	$w_8 < w \leqslant w_7$	Q	Q	Q	Q	Q	Q	Q	Q	q_{13}	Q	q_{14}
9 (q_9^{BE})	$w_9 < w \leqslant w_8$	Q	Q	Q	Q	Q	Q	Q	Q	Q	Q	q_{14}
10 (q_{10}^{BE})	$w \leqslant w_9$	Q	Q	Q	Q	Q	Q	Q	Q	Q	Q	Q

表 4 – 1 中，q_m 表示最优订货量为内部解时的取值，$m = 1, 2, \cdots, 14$，具体表达式如下：

$$q_1 = (9d_2 - d_1 - 4w)/12\delta$$

$$q_2 = (8d_2 - 4w)/12\delta$$

$$q_3 = (7d_2 + d_1 - 4w)/12\delta$$

$$q_4 = (6d_2 + 2d_1 - 4w)/12\delta$$

$$q_5 = (5d_2 + 3d_1 - 4w)/12\delta$$

$$q_6 = (4d_2 + 4d_1 - 4w)/12\delta$$

$$q_7 = (3d_2 + 2d_1 - 4w)/12\delta$$

$$q_8 = (2d_2 + 6d_1 - 4w)/12\delta$$

$$q_9 = (d_2 + 7d_1 - 4w)/12\delta$$

$$q_{10} = (8d_1 - 4w)/12\delta$$

$$q_{11} = (-d_2 + 9d_1 - 4w)/12\delta$$

$$q_{12} = Q/7 - (-3d_1 - d_2 + 2w)/7\delta$$

$$q_{13} = Q/7 - (-4d_1 + 2w)/7\delta$$

$$q_{14} = Q/7 - (-5d_1 + d_2 + 2w)/7\delta$$

每种订货量情形中批发价格在不同取值范围内的边界值如下：

$$w_1 = (9d_2 - d_1 - 12Q\delta)/4$$

$$w_2 = (8d_2 - 12Q\delta)/4$$

$$w_3 = (7d_2 + d_1 - 12Q\delta)/4$$

$$w_4 = (6d_2 + 2d_1 - 12Q\delta)/4$$

$$w_5 = (5d_2 + 3d_1 - 12Q\delta)/4$$

$$w_6 = (4d_2 + 4d_1 - 12Q\delta)/4$$

$$w_7 = (2d_2 + 6d_1 - 12Q\delta)/4$$

$$w_8 = 2d_1 - 3Q\delta$$

$$w_9 = (10d_1 - 2d_2 - 12Q\delta)/4$$

在表 4 – 2 中，$q_{11}^B(NN) = q_{12}^B(NN)$，$q_{21}^B(NN) = q_{22}^B(NN)$，$q_{12}^B(FF) = q_{21}^B(FF)$，$q_{11}^B(NF) = q_{12}^B(NF)$，$q_{21}^B(NF) = q_{22}^B(NF)$。$b_j$ 表示制造商 B 的最优订货量，$j = 1, 2, \cdots, 11$。

表 4 - 2　制造商 B 的最优订货量

情形	$q_{11}^B(NN)$	$q_{21}^B(NN)$	$q_{11}^B(FF)$	$q_{12}^B(FF)$	$q_{22}^B(FF)$	$q_{11}^B(FN)$	$q_{12}^B(FN)$	$q_{21}^B(FN)$	$q_{22}^B(FN)$	$q_{11}^B(NF)$	$q_{21}^B(NF)$
1	b_1	b_2	b_3	b_4	b_5	b_6	b_7	b_8	b_9	b_{10}	b_{11}
2	b_1	b_2	b_3	b_4	b_5	b_6	b_7	b_8	b_9	b_{10}	b_{12}
3	b_1	b_2	b_3	b_4	b_{13}	b_6	b_7	b_8	b_9	b_{10}	b_{12}
4	b_{14}	b_{15}	b_3	b_4	b_{13}	b_6	b_7	b_8	b_9	b_{10}	b_{12}
5	b_{14}	b_{15}	b_3	b_4	b_{13}	b_6	b_{16}	b_8	b_{13}	b_{10}	b_{12}
6	b_{14}	b_{15}	b_3	b_4	b_{13}	b_6	b_{16}	b_8	b_{13}	b_{17}	b_{12}
7	b_{14}	b_{15}	b_3	b_{16}	b_{13}	b_6	b_{16}	b_8	b_{13}	b_{17}	b_{12}
8	b_{14}	b_{15}	b_3	b_{16}	b_{13}	b_{19}	b_{16}	b_{16}	b_{13}	b_{17}	b_{18}
9	b_{20}	b_{18}	b_{19}	b_{16}	b_{13}	b_{19}	b_{16}	b_{16}	b_{13}	b_{17}	b_{18}
10	b_{20}	b_{18}	b_{19}	b_{16}	b_{13}	b_{19}	b_{16}	b_{16}	b_{13}	b_{20}	b_{18}

$$b_1 = 7d_1/12\delta + d_2/12\delta - w/3\delta$$

$$b_2 = (d_1 + 7d_2 - 4w)/12\delta$$

$$b_3 = (2d_1 - w)/3\delta$$

$$b_4 = q_{12}^k = (d_1 + d_2 - w)/3\delta$$

$$b_5 = (2d_2 - w)/3\delta$$

$$b_6 = (9d_1 - d_2 - 4w)/12\delta$$

$$b_7 = (5d_1 + 3d_2 - 4w)/12\delta$$

$$b_8 = (3d_1 + 5d_2 - 4w)/12\delta$$

$$b_9 = (9d_2 - d_1 - 4w)/12\delta$$

$$b_{10} = (3d_1 + d_2 - 2w)/6\delta$$

$$b_{11} = (d_1 + 3d_2 - 2w)/6\delta$$

$$b_{12} = d_1/7\delta + 5d_2/7\delta - 2Q/7 - 3w/7\delta$$

$$b_{13} = d_2/\delta - Q/2 - w/2\delta$$

$$b_{14} = 17d_1/28\delta + d_2/4\delta - 2Q/7 - 3w/7\delta$$

$$b_{15} = 3d_1/28\delta + 3d_2/4\delta - 2Q/7 - 3w/7\delta$$

$$b_{16} = (d_1 + d_2)/2\delta - Q/2 - w/2\delta$$

$$b_{17} = 4d_1/7\delta + 2d_2/7\delta - 2Q/7 - 3w/7\delta$$

$$b_{18} = (d_1 + 3d_2)/4\delta - Q/2 - w/2\delta$$

$$b_{19} = d_1/\delta - Q/2 - w/2\delta$$

$$b_{20} = (3d_1 + d_2)/4\delta - Q/2 - w/2\delta$$

4.3.2　信息共享策略和批发价格决策

制造商选择不同的信息共享策略来提高自己的利润。所以，制造商的均衡信息共享策略可以分为四种情况如表4-3所示。供应商基于利润最大化来制定不同的批发价格。

表 4 - 3　　　　　　　　　　　　　　　　信息共享策略

$\pi_{MA}^{NF} - \pi_{MA}^{FF}$	$\pi_{MA}^{NN} - \pi_{MA}^{FN}$	$\pi_{MB}^{NN} - \pi_{MB}^{NF}$	$\pi_{MB}^{FN} - \pi_{MB}^{FF}$	信息共享策略
$\geqslant 0$	$\geqslant 0$	$\geqslant 0$	$\geqslant 0$	NN
$\geqslant 0$	$\geqslant 0$	$\geqslant 0$	$\leqslant 0$	NN
$\leqslant 0$	$\geqslant 0$	$\geqslant 0$	$\geqslant 0$	NN
$\geqslant 0$	$\geqslant 0$	$\leqslant 0$	$\geqslant 0$	NF
$\geqslant 0$	$\geqslant 0$	$\leqslant 0$	$\leqslant 0$	NF
$\geqslant 0$	$\leqslant 0$	$\leqslant 0$	$\leqslant 0$	NF
$\geqslant 0$	$\leqslant 0$	$\geqslant 0$	$\geqslant 0$	FN
$\leqslant 0$	$\leqslant 0$	$\geqslant 0$	$\geqslant 0$	FN
$\leqslant 0$	$\leqslant 0$	$\leqslant 0$	$\geqslant 0$	FN
$\leqslant 0$	$\geqslant 0$	$\leqslant 0$	$\leqslant 0$	FF
$\leqslant 0$	$\leqslant 0$	$\geqslant 0$	$\leqslant 0$	FF
$\leqslant 0$	$\leqslant 0$	$\leqslant 0$	$\leqslant 0$	FF
$\leqslant 0$	$\geqslant 0$	$\geqslant 0$	$\leqslant 0$	NN, FF
$\geqslant 0$	$\leqslant 0$	$\leqslant 0$	$\geqslant 0$	NF, FN
$\leqslant 0$	$\geqslant 0$	$\leqslant 0$	$\geqslant 0$	—
$\geqslant 0$	$\leqslant 0$	$\geqslant 0$	$\leqslant 0$	—

在本模型中，制造商的信息共享策略为 NN，FF，FN 或者 NF。在不同的信息共享策略下，供应商会制定不同的批发价格。如表 4 - 1 所示，根据批发价格的变化范围分为 10 种不同的订货量情形。在不同的情形下，计算供应商的最优批发价格 w_n^* 和最大利润 π_{Sn}^*，$n = 1$，2，…，10。比较十种情形下供应商的利润得出最大利润 Π^* 和最优的批发价格 w^*。制造商 A 的最优订货量决策如表 4 - 1 所示。接下来，在每种订货量情形下分析制造商的信息共享策略和供应商的批发价格。根据表 4 - 3 所示的信息共享策略规则，比较每种情形下制造商的利润确定信息共享策略。由于有些边界均衡的情形非常复杂，所以只分析三种典型的情形。在情形 1 中，所有的订货量都是内部均衡，制造商的信息共享策略为 NN。在情形 9 中，除了 $q_{11}^A(NF)$，制造商 A 所有的订货量为边界均衡解，制造商的占优均衡策略可能为非对称的。制造商 B 的占优均衡策略为信息共享，制造商 A 可能选

择共享和不共享信息。所以，NF 或者 FF 都可能成为制造商的占优策略。在情形 10 中，制造商 A 所有的订货量都受到产能限制，绑定在 Q。制造商信息共享和不共享的利润相等。

定理 4 - 1：当 $w_1^* \geqslant w_1$ 时，可得到如下结论：

（1） $\pi_{MA}^{NN} > \pi_{MA}^{FN}$，$\pi_{MA}^{NF} > \pi_{MA}^{FF}$，$\pi_{MB}^{NN} > \pi_{MB}^{NF}$ 和 $\pi_{MB}^{FN} > \pi_{MB}^{FF}$，即完全信息不共享（NN）为制造商的占优策略。

（2）供应商的最优批发价格为 $w_1^* = (d_1 + d_2)/2$，对应的供应商最大利润为 $\pi_{S1}^* = (d_1 + d_2)^2/(6\delta)$。

定理 4 - 1 表明，在内部均衡下，完全信息不共享始终是制造商的占优策略。信息不共享时制造商的期望利润大于信息共享策略为 FF、FN 和 NF 时的利润。然而，上游供应商在 NN、FF、FN 和 NF 时的利润相等。所以，下游是否共享信息对于上游而言没有影响。这种情形下，上游供应商和下游制造商没有利益冲突，可以实现双方的利润最大化。

定理 4 - 2：当 $w_8 < w_9^* < w_9$ 时，可得到如下结论：

（1） $\pi_{MB}^{NN} < \pi_{MB}^{NF}$，$\pi_{MB}^{FN} = \pi_{MB}^{FF}$，即信息共享是制造商 B 占优策略；

（2） $\pi_{MA}^{NN} = \pi_{MA}^{FN}$；

（3）当 $(7Q\delta + 2d_1 - 2d_2) < 0$ 且 $(10d_1 - 2d_2 - 5Q\delta)/4 < w_9^* < w_9$ 时，$\pi_{MA}^{NF} > \pi_{MA}^{FF}$，制造商的最优信息共享策略为 NF；

（4）当 $(7Q\delta + 2d_1 - 2d_2) < 0$ 且 $w_8 < w_9^* < (10d_1 - 2d_2 - 5Q\delta)/4$ 或 $(7Q\delta + 2d_1 - 2d_2) > 0$ 时，$\pi_{MA}^{NF} < \pi_{MA}^{FF}$，制造商的最优信息共享策略为 FF；

（5）当信息共享策略为 NF 时，供应商的最优批发价格为 $w_9^* = (4d_1 + 2d_2 + 3Q\delta)/6$，对应的最大利润为 $\pi_{S9}^* = (4d_1 + 2d_2 + 3Q\delta)^2/144\delta$；

（6）当信息共享策略为 FF 时，供应商的最优批发价格为 $w_9^* = (33d_1 + 27d_2 + 22Q\delta)/60$，对应的最大利润为 $\pi_{S9}^* = (33d_1 + 27d_2 + 22Q\delta)^2/6720\delta$。

定理 4 - 2 表明，在订货量情形 9，制造商 B 的占优策略为信息共享。一方面，当制造商 B 选择信息不共享时，制造商 A 所有的订货量都绑定在产能限制 Q 上。然而，如果制造商 B 选择与制造商 A 共享信息，当两个制造商都面临较低的市场需求时，制造商 A 的订货量变成内部均衡，即 $q_{11}^A(NF) = q_{14} < Q$。所以，制造商 B 可以增加产量来增加利润。另一方面，销售价格与制造商的订货量之和成反比，即 $p = a - \delta \sum q^k$。当制造商 B 选

择信息共享时，制造商 A 的订货量减少，从而销售价格增加。所以，制造商 B 共享信息后利润增加。然而，制造商 A 选择信息共享和不共享与参数有关。制造商的均衡策略可能为 FF 或者 NF。上述定理表明不对称的产能限制可能导致不对称的均衡信息共享策略。

定理 4 – 3：当 $w_{10}^* < w_9$、下游制造商的均衡解为 q_{10}^{BE} 时，可得到如下结论：

（1）$\pi_{MA}^{NN} = \pi_{MA}^{FN} = \pi_{MA}^{NF} = \pi_{MA}^{FF}$，$\pi_{MB}^{NN} = \pi_{MB}^{NF}$，$\pi_{MB}^{FN} = \pi_{MB}^{FF}$；

（2）供应商的最优批发价格为 $w_{10}^* = (d_1 + d_2 + Q\delta)/2$，对应的最大利润为 $\Pi_{10}^* = (d_1 + d_2 + Q\delta)^2/8\delta$。

定理 4 – 3 表明，当制造商 A 的订货量受到产能限制，制造商的信息共享策略不会影响供应商和制造商 A 的期望利润。因此，信息共享和不共享对供应商和制造商 A 没有影响。然而，制造商 B 在不同的信息共享策略下利润也不同。$\pi_{MB}^{NN} - \pi_{MB}^{FN} = \pi_{MB}^{NF} - \pi_{MB}^{FF} = -16(d_2 - d_1)^2/16\delta < 0$，制造商 B 在制造商 A 共享信息时的利润更大，所以制造商 B 希望制造商 A 共享信息。在情形 10 中，制造商的均衡信息共享策略为 FN 或者 FF。

4.4　数值分析

本章的数值分析思路与第 3 章的数值分析相同，具体计算步骤如下：

（1）根据下游制造商的市场需求反函数和制造商 A 受到的产能限制 Q，将制造商的订货量分为十种不同的情形，并分析计算出每种订货量情形中制造商的最优生产数量和供应商批发价格的变化范围；

（2）分别计算在 10 种不同的订货量情形下，制造商在信息共享策略为 NN、FF、FN 和 NF 时的订货量和利润，比较不同信息共享策略下制造商利润大小来确定每种订货量情形下制造商是否与其竞争者共享需求信息；

（3）分别计算十种情形下上游供应商的最大利润和最优定价；

（4）比较十种情形下供应商的利润，将十种情形中最大利润确定为供应商的全局最大利润，其对应的批发价格为最优定价。

根据以上步骤，运用 MATLAB 编程，计算在制造商 A 不同的产能限制下最优的生产数量、信息共享策略和批发价格，以及制造商和供应商的利润。参数的取值与第3章相同，$d_1 = 2$，$d_2 = 3$，$\delta = 0.2$，产能限制 Q 以步长为 0.1、从 1 到 7 进行变化。数值计算结果如图 4 - 3、图 4 - 4 和图 4 - 5 所示。

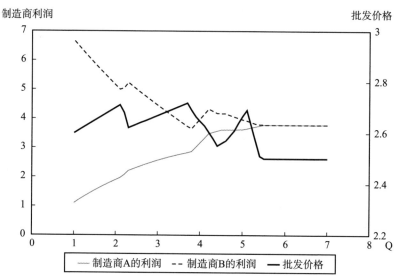

图 4 - 3　产能限制 Q 对制造商的利润和批发价格的影响

图 4 - 3 表明供应商的批发价格随着制造商 A 产能限制的变化在 2.5 ~ 2.8 进行波动，最低的批发价格为 w = $(d_1 + d_2)/2 = 2.5$。当制造商的产能限制较小时，批发价格没有明显的变化趋势。当产能限制较大时，$Q \geqslant \overline{Q}[\overline{Q} = (5d_2 - d_1)/12\delta = 5.427]$，制造商 A 的订货量不会受到产能限制。制造商 A 的产能限制越大，越有益于制造商 A，但是会损害制造商 B 的利润。当 $Q \leqslant \overline{Q}$ 时，制造商 A 的利润随着产能的增加而增加，制造商 B 的利润整体呈下降趋势。当 $Q \geqslant \overline{Q}$ 时，制造商 A 的利润达到最大值，制造商 B 的利润达到最小值并保持稳定。图 4 - 3 表明，产能限制会影响供应商的最优定价和制造商的利润。

图 4 - 4 表明当 $Q \leqslant \overline{Q}$ 时，供应商的利润随着产能的增加而增加。当 $Q \geqslant \overline{Q}$ 时，供应商的利润达到最大值并保持不变。图 4 - 4 表明，产能限制越大，供应商在制定批发价格时有更大的博弈空间。上游供应商可以选择批发价格来影响制造商的信息共享策略来提高自己的利润。

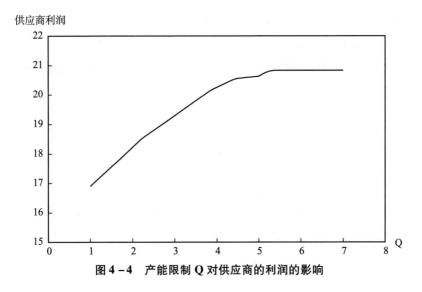

图 4 - 4　产能限制 Q 对供应商的利润的影响

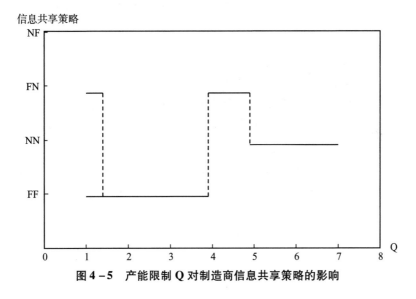

图 4 - 5　产能限制 Q 对制造商信息共享策略的影响

图 4 - 5 表明产能限制 Q 会影响制造商的信息共享策略。当产能限制较大时（例如，Q = 6.5），制造商所有的订货量均未受到产能限制的影响，处于内部均衡状态，两个制造商都不会共享信息给对方。当产能限制较小时（例如，Q = 2 或者 4.5），制造商 A 的一些订货量受到产能限制，处于边界均衡，FN 或者 FF 都可能成为制造商的占优策略。当制造商 A 的产能

限制比较小时（例如，$Q = 1.1$），其所有订货量都受到产能限制绑定在 Q，是否共享信息对制造商 A 而言没有影响，制造商 B 始终会选择信息共享。所以 FN 和 FF 都是制造商的占优策略。图 4 - 5 表明订货量的边界均衡会改变制造商的信息共享策略。

4.5　本章小结

本章在由一家供应商和两家制造商组成的二级供应链中，研究制造商受到非对称的产能限制时的横向信息共享策略。

（1）与第 3 章研究结论类似，下游两个制造商之间的信息共享策略会受到制造商 A 的产能限制的影响。制造商选择信息共享或者信息不共享取决于制造商 A 的产能限制的大小和供应商的批发价格。有趣的是，由于制造商受到不同的产能限制，制造商的最优信息共享策略也可能出现不对称的情况。

（2）数值算例表明供应商和制造商 A 的利润随着产能的增加而增加。制造商 B 的利润随着产能的增加整体呈下降趋势。

（3）上游供应商可以将定价策略作为影响下游制造商信息共享策略的有力工具，从而实现自身利润最大化。

这些结果对供应链中相互竞争的企业的信息共享策略有指导作用，同时对上游企业如何通过定价来影响下游企业的信息共享策略、从而实现自身利润最大化具有一定的参考价值。

第5章 团购企业的横向信息共享

5.1 概　　述

第3章和第4章研究了受到产能限制的制造商之间的横向信息共享策略，其中产能限制为一个固定值。本章研究团购的制造商之间的横向信息交换策略和团购数量以及最优销售数量的决策问题，制造商的团购数量决策会限制销售数量。此外，在前两个供应链模型中，上游供应商的批发价格为一个定值，本章的最优批发价格会受到团购数量的影响。团购数量越大，批发价格越低。

在本章的供应链模型中，上游供应商向下游制造商出售原材料，制造商团购原材料来生产产品并向消费者销售商品，进行数量竞争。本章以Cournot博弈为研究手段，求解了制造商的均衡销售数量、团购数量决策和信息交换策略，制造商、供应商和供应链利润；分析比较了制造商在不同的团购数量下信息交换和不交换的利润，从而确定制造商的信息交换策略。研究表明，边界均衡会使制造商的信息交换策略反向。当团购数量较大时，销售数量为内部均衡状态，此时制造商不会交换信息；当团购数量较小时，销售数量受到团购数量的限制处于边界均衡，信息交换可能成为制造商的占优策略。制造商的信息交换策略还会受到市场的不确定性的影响。

本章的模型为团购的制造商提供了最优销售数量、团购数量和信息交换策略，也为上游供应商提供了求解最优团购价格的方法。

5.2 模型描述

本章构建了一个与第 3 章和第 4 章中供应链模型结构类似的二级供应链：上游一个供应商和下游两个相互竞争的制造商。上游供应商为下游两家制造商 A 和 B 提供同质等价的原材料，不同点为：两个制造商向上游团购原材料，生产出同等数量的商品在终端市场销售。制造商之间同样进行数量竞争，并各自确定销售数量，销售数量不能大于团购数量。团购数量会影响团购价格，团购数量越大，团购的价格就越低。制造商在确定团购数量之后，销售数量之前各自收集市场需求信息，并决定是否交换需求信息。制造商信息交换策略会影响其最终利润。本书通过销售数量和团购数量构建制造商的利润函数，求得使制造商利润最大时的团购数量和销售数量。具体模型如图 5 - 1 所示。制造商的市场需求函数同第 3 章和第 4 章。

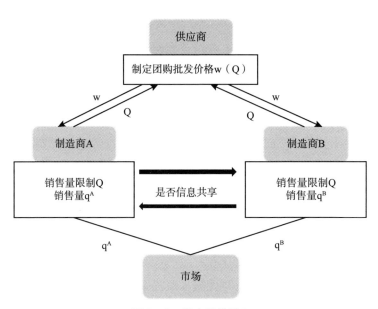

图 5 - 1 供应链模型 3

在本章的供应链模型中，决策的顺序与第 3 章和第 4 章的决策不同。本章供应链中的决策包括三个阶段，具体如图 5-2 所示。

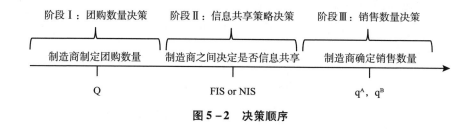

图 5-2　决策顺序

在第一阶段，制造商确定团购数量，本章假设制造商 A 和 B 确定的团购数量相等，用 Q 表示。在第二阶段，制造商进行信息共享决策。与第 3 章相同，本章考虑制造商两种信息共享策略：完全信息共享和完全信息不共享。在第三阶段，制造商依据掌握的市场需求信息进行销售数量决策。销售数量受到团购数量的限制（q^A，$q^B \leq Q$）。

5.3　模 型 分 析

在下游两家制造商进行数量竞争的模型中，制造商的最优销售数量在纳什均衡点取得。制造商的销售数量受到团购数量的限制，所以制造商的销售数量必须小于或者等于团购数量 Q。当销售数量大于团购数量 Q 时，销售数量绑定在团购数量上取到边界值 Q。计算在制造商最优的销售数量，根据销售数量是否受到团购数量 Q 的影响，可以得到六种不同的销售数量情形。求解制造商 A 和 B 均衡条件的方法相同，均衡解也相同，所以在以下的计算过程中不再区分制造商 A 和 B。

5.3.1　销售数量决策

在决策的最后一个阶段，制造商确定销售数量，在市场中销售产品来获取最高的利润。所以，下游制造商 k 的销售收入函数：

$$\max_{q_{ij}^k} \pi_{Mk}(i, j) = E_{i,j}\left[q_{ij}^k(d_i + d_j - \delta(q_{ij}^k + q_{ji}^{\hat{k}}))\right]$$

$$\text{s. t. } 0 \leqslant q_{ij}^k \leqslant Q \tag{5-1}$$

当制造商共享信息时：

$$\pi_{Mk}^{FIS}(i, j) = q_{ij}^k\left[d_i + d_j - \delta(q_{ij}^k + q_{ji}^{\hat{k}})\right] \tag{5-2}$$

当制造商不共享信息时：

$$\pi_{Mk}^{NIS}(i, j) = q_{ij}^k\left[d_i + \sum_{j=1}^{2}\frac{d_j}{2} - \delta\left(q_{ij}^k + \sum_{j=1}^{2}\frac{q_{ji}^{\hat{k}}}{2}\right)\right] \tag{5-3}$$

在决策的第二阶段，制造商 A 和 B 根据估计的自身期望利润值进行信息共享决策，可由公式（5-4）来表示。假设两个制造商的 m_k 相互独立且 $p(m_k = d_i) = 1/2$，则：

$$\pi_{Mk} = E_{i,j}\left[\pi_{kR}(i, j)\right] = \frac{1}{4}\sum_{i}\sum_{j}\pi_k(i, j) \tag{5-4}$$

在决策的第一阶段，制造商的团购价格是团购数量的减函数：

$$w = a - d(Q + Q) \tag{5-5}$$

其中，a 表示基准价格，a≥0；d 表示折扣的力度；Q 为每个制造商的团购数量。

由于规模不经济的存在，制造商的生产成本随着生产数量的增加而增加（Ha 等，2011）。制造商 k 的生产成本为：

$$C_S^k = c * Q^2 \tag{5-6}$$

c 表示成本系数，c > d。成本系数越大，表示规模不经济程度越高。

制造商 k 的利润函数与信息共享策略有关，当制造商选择完全信息共享时，利润表达式如下所示：

$$\pi_{Mk}^{FIS} = E_{i,j}\left[\pi_{Mk}^{FIS}(i, j)\right] - C_S^k - w \times Q \tag{5-7}$$

当制造商选择完全不信息共享时，利润表达式为：

$$\pi_{Mk}^{NIS} = E_{i,j}\left[\pi_{Mk}^{NIS}(i, j)\right] - C_S^k - w \times Q \tag{5-8}$$

对于下游制造商来说，通过构建利润函数来计算在利润最大时制造商的团购数量。根据公式（5-2）和公式（5-3），计算制造商在不同的信息共享策略下的最优的销售数量。最后可通过计算销售收入的期望与销售成本、批发成本的差得到制造商利润表达式，最后求使得上游供应商利润最大化的团购价格对应的团购数量。

上游供应商的利润为：

$$\pi_S = w(Q) \times (2Q) \qquad (5-9)$$

供应链的总利润为两个制造商和一个供应商利润之和，表达式为：

$$\Pi = E\left(\sum_k \pi_{Mk} + \pi_S\right) \qquad (5-10)$$

接下来研究在不同信息共享策略下，制造商在利润最大化的前提下如何制定最优的团购数量和销售数量，以及制造商的最优信息共享策略是否会受到团购数量的影响。

制造商的销售数量不受团购数量 Q 限制时（情形 1）的销售数量为：

（1）信息不共享时：

$$q_{11}(\text{NIS}) = q_{12}(\text{NIS}) = \frac{7d_1 + d_2}{12\delta}$$

$$q_{21}(\text{NIS}) = q_{22}(\text{NIS}) = \frac{d_1 + 7d_2}{12\delta}$$

（2）信息共享时：

$$q_{11}(\text{FIS}) = \frac{2d_1}{3\delta}; \ q_{22}(\text{FIS}) = \frac{2d_2}{3\delta}$$

$$q_{12}(\text{FIS}) = q_{21}(\text{FIS}) = \frac{d_1 + d_2}{3\delta}$$

根据以上计算结果比较制造商的销售数量不受团购数量限制时的大小关系，可以得到引理 5-1。

引理 5-1：销售数量不受团购数量限制的情形下，下游制造商在均衡条件下的销售数量大小关系为：

$q_{22}(\text{FIS}) > q_{21}(\text{NIS})$，$q_{22}(\text{NIS}) > q_{12}(\text{FIS}) = q_{21}(\text{FIS}) > q_{11}(\text{NIS})$，$q_{12}(\text{NIS}) > q_{11}(\text{FIS})$。

销售数量都不受团购数量限制时，Q 的范围：$q_{22}(\text{FIS}) = 2t_h/(3\delta) <$ Q。团购价格大于 0，可得出 $Q < a/2d$。得到 Q 的取值范围：$2t_h/(3\delta) <$ $Q < a/2d$。

根据制造商销售数量的大小关系，本书由小到大依次讨论销售数量是否受到团购数量限制，可得到如表 5-1 所示六种销售数量情形。

表 5 – 1   销售数量情形

销售数量情形	条件	q_{22} (FIS)	q_{21} (NIS) q_{22} (NIS)	q_{12} (FIS) q_{21} (FIS)	q_{11} (NIS) q_{12} (NIS)	q_{11} (FIS)
$1(q_1^{IE})$	$Q_2 < Q < Q_1$	q_1	q_2	q_3	q_4	q_5
$2(q_2^{BE})$	$Q_3 < Q < Q_2$	Q	q_2	q_3	q_4	q_5
$3(q_3^{BE})$	$Q_4 < Q < Q_3$	Q	Q	q_3	q_6	q_5
$4(q_4^{BE})$	$Q_5 < Q < Q_4$	Q	Q	Q	q_6	q_5
$5(q_5^{BE})$	$Q_6 < Q < Q_5$	Q	Q	Q	Q	q_5
$6(q_6^{BE})$	$0 < Q < Q_6$	Q	Q	Q	Q	Q

表 5 – 1 中总结了每一种最优销售数量情形，下式列出了最优销售数量为内部解时的取值，与表 5 – 1 中的 q 值对应：

$$q_1 = \frac{2d_1}{3\delta}$$

$$q_2 = \frac{7d_1 + d_2}{12\delta}$$

$$q_3 = \frac{d_1 + d_2}{3\delta}$$

$$q_4 = \frac{d_1 + 7d_2}{12\delta}$$

$$q_5 = \frac{2d_2}{3\delta}$$

$$q_6 = \frac{3d_1 + d_2 - Q\delta}{5\delta}$$

表 5 – 1 中团购数量的范围取值：

$$Q_1 = \frac{a}{2d}$$

$$Q_2 = \frac{2d_2}{3\delta}$$

$$Q_3 = \frac{d_1 + 7d_2}{12\delta}$$

$$Q_4 = \frac{d_1 + d_2}{3\delta}$$

$$Q_5 = \frac{7d_1 + d_2}{12\delta}$$

$$Q_6 = \frac{2d_1}{3\delta}$$

在每种销售数量情形中，首先通过分析比较制造商的利润在完全信息共享和信息不共享时的大小来确定其信息共享方式，然后根据制造商的最优信息共享决策计算制造商的最大利润，最后综合比较制造商的利润，选择使制造商利润最大的团购数量。

5.3.2　信息共享策略和团购数量决策

在接下来的分析中，$\Delta\pi_n$ 表示在情形 n 中制造商信息共享与信息不共享的利润差，$\Delta\pi_n \overset{der}{=\!=} \pi_{Mn}^{FIS} - \pi_{Mn}^{NIS}$，n = 1，2，…，6。$Q_{n1} \overset{der}{=\!=} \{Q_i^k \mid \partial(\Delta\pi_n)/\partial Q_n^k = 0\}$。$Q_{n2}$，$Q_{n3} \overset{def}{=\!=} \{Q_n^k \mid \Delta\pi_n = 0\}$（$Q_{n2} > Q_{n3}$）。比较制造商在不同信息共享策略下的利润值的大小来确定制造商是否选择信息共享，从而得出制造商的最优信息共享策略和最优的团购数量。

定理 5 - 1：在销售数量情形 1 中，制造商的均衡解为 q_1^{IE}，可得到如下结论：

（1）$\pi_{M1}^{NIS*} > \pi_{M1}^{FIS*}$，信息不共享始终是制造商的占优策略；

（2）制造商 k 的最优团购数量为 $Q_1^{k*} = Q_1^{NIS*} = a/(2c - 3d)$。

定理 5 - 1 表明，当制造商所有的团购数量都大于销售数量时，信息不共享始终是制造商的占优策略。

定理 5 - 2：在情形 2 中，制造商的均衡解为 q_2^{BE}，可得到如下结论：

$$\begin{cases} \pi_{M2}^{NIS*} > \pi_{M2}^{FIS*}，Q_2^{k*} = Q_2^{NIS*} = a/(2c - 3d)，\text{if } Q_{22} < Q_2^k < Q_2 \\ \pi_{M2}^{NIS*} < \pi_{M2}^{FIS*}，Q_2^{k*} = Q_2^{FIS*} = 2(2a - d_2)/(12d - 8c - 3\delta)，\text{if } Q_3 < Q_2^k < Q_{22} \end{cases}$$

定理 5 - 2 表明，制造商的团购数量影响信息共享策略。当制造商的团购数量足够大时（$Q_2^k > Q_{22}$），信息不共享始终是占优策略。当团购数量较小时（$Q_3 < Q_2^k < Q_{22}$），制造商选择信息共享。

对比定理 5 - 1 和定理 5 - 2 可发现，边界均衡会影响下游制造商的信息共享策略。在情形 1 中，$Q_1^k > q_{22}^k$（FIS），所有的销售数量都是内部均衡解，此时制造商的选择不共享信息。在情形 2 中，$q_{22}^k(\text{FIS}) = Q_2^k$ 是销售数量的边界均衡解，此时，当 $Q_3 < Q_2^k < Q_{22}$ 时，制造商共享信息。所以，当销售数量受到团购数量限制时，制造商的信息共享策略会反向。

定理 5 - 3： 在情形 3 中，制造商的均衡解为 q_3^{BE}，可得到如下结论：

当 $d_2 < 6d_1$ 时：

$$\begin{cases} \pi_{M3}^{\text{NIS}*} > \pi_{M3}^{\text{FIS}*}, Q_3^{k*} = Q_3^{\text{NIS}*} = \dfrac{150a - 21d_1 - 107d_2}{2(225d - 150c - 86\delta)}, & \text{if } Q_{33} < Q_3^k < Q_{32} \\[4mm] \pi_{M3}^{\text{NIS}*} < \pi_{M3}^{\text{FIS}*}, Q_3^{k*} = Q_3^{\text{FIS}*} = \dfrac{2(2a - d_2)}{(12d - 8c - 3\delta)}, & \text{if } Q_4 < Q_3^k < Q_{33} \text{ or } Q_{32} < Q_3^k < Q_3 \end{cases}$$

当 $d_2 > 6d_1$ 时：

$$\begin{cases} \pi_{M3}^{\text{NIS}*} > \pi_{M3}^{\text{FIS}*}, Q_3^{k*} = Q_3^{\text{NIS}*} = \dfrac{150a - 21d_1 - 107d_2}{2(225d - 150c - 86\delta)}, & \text{if } Q_4 < Q_3^k < Q_{32} \\[4mm] \pi_{M3}^{\text{NIS}*} < \pi_{M3}^{\text{FIS}*}, Q_3^{k*} = Q_3^{\text{FIS}*} = \dfrac{2(2a - d_2)}{(12d - 8c - 3\delta)}, & \text{if } Q_{32} < Q_3^k < Q_3 \end{cases}$$

定理 5 - 3 表明，市场的不确定性影响制造商的信息共享策略。当市场的不确定性比较大时（$d_2 > 6d_1$），如果 $Q_3^k < Q_{32}$，信息不共享始终是制造商的占优策略；当市场的不确定性较小时（$d_2 < 6d_1$），制造商可能选择共享信息和不共享信息，主要取决于制造商的团购数量。

定理 5 - 4： 在情形 4 中，制造商的均衡解为 q_4^{BE}，可得到如下结论：

（1）当 $d_2 > 6d_1$ 时，$\pi_{M4}^{\text{NIS}*} < \pi_{M4}^{\text{FIS}*}$；

（2）当 $d_2 < 6d_1$ 时，

$$\begin{cases} \pi_{M4}^{\text{NIS}*} > \pi_{M4}^{\text{FIS}*}, Q_4^{k*} = Q_4^{\text{NIS}*} = \dfrac{150a - 21d_1 - 107d_2}{2(225d - 150c - 86\delta)}, & \text{if } Q_{42} < Q_4^k < Q_4 \\[4mm] \pi_{M4}^{\text{NIS}*} < \pi_{M4}^{\text{FIS}*}, Q_4^{k*} = Q_4^{\text{FIS}*} = \dfrac{2(2a - d_1 - 2d_2)}{(12d - 8c - 9\delta)}, & \text{if } Q_5 < Q_4^k < Q_{42} \end{cases}$$

定理 5 - 4 说明，市场的不确定性影响制造商的信息共享策略。当市场的不确定性较大时（$d_2 > 6d_1$），制造商总是会选择共享信息。当市场的不确定性较小时（$d_2 < 6d_1$），制造商是否信息共享取决于团购数量。

定理 5 - 5： 在情形 5 中，制造商的均衡解为 q_5^{BE}，可得到如下结论：

（1）$\pi_{M5}^{\text{NIS}*} < \pi_{M5}^{\text{FIS}*}$，信息共享始终是制造商的占优策略；

（2）制造商的最优团购数量为 $Q_5^{k*} = 2(2a - d_1 - 2d_2)/(12d - 8c - 9\delta)$。

以上定理表明，在销售情况 5 中，制造商始终会选择信息共享。当制造的团购数量较小时 $[2d_1/3\delta < Q^k < (7d_1 + d_2)/12\delta]$，与信息不共享相比，制造商信息共享后可获得更大的利润。

定理 5 - 6：在情形 6 中，制造商的均衡解为 q_6^{BE}，可得到如下结论：

（1）$\pi_{M6}^{NIS*} = \pi_{M6}^{FIS*}$，制造商信息共享和信息不共享的利润相等；

（2）制造商的最优团购数量为：$Q_6^{k*} = Q_6^{NIS*} = Q_6^{FIS*} = (a - d_1 - 2d_2)/(3d - 2c - 3\delta)$。

定理 5 - 6 表明，当团购数量很小时，对于制造商而言，在共享信息时的利润等于不共享信息时的利润，此时信息共享策略不会影响制造商的利润。在情形 6 中，所有的销售数量都受到团购数量的限制，制造商的团购数量和销售数量相等，此时制造商没有因团购数量较大（大于销售数量）而产生的库存等额外成本。

定义 5 - 1：制造商的最优团购数量为：

$$Q^{k*} \overset{\text{def}}{=\!=\!=} \text{agrmax} \{ \pi_M^*(Q^k) = \max \{ \pi_{M1}, \pi_{M2}, \cdots, \pi_{M6} \} \}$$

以上定义表明，制造商基于利润最大化来制定最优的团购数量。

由定理 5 - 1 到定理 5 - 6 可知，制造商的团购数量处于中间水平时，市场的不确定性会影响信息共享策略。当团购数量过大（情形 1，即 $Q^k > Q_2$）或过小时（情形 5 和情形 6，$Q^k < Q_5$），信息共享策略不会受到其他因素的影响。情形 1 中，制造商一定不会共享信息。情形 5 中，信息共享始终是占优策略。情形 6 中，信息共享与否对制造商没有影响。当团购数量处于中间水平时，信息共享策略会受到市场的不确定性的影响。具体分析见定理 5 - 7。

定理 5 - 7：制造商的信息共享策略总结如下：

（1）当 $d_2 < 6d_1$ 时：

$$\begin{cases} \pi_M^{NIS} > \pi_M^{FIS}, & \text{if } Q_{22} < Q^k < Q_1 \\ \pi_M^{NIS} < \pi_M^{FIS}, & \text{if } Q_{32} < Q^k < Q_{22} \\ \pi_M^{NIS} > \pi_M^{FIS}, & \text{if } Q_{42} < Q^k < Q_{32} \\ \pi_M^{NIS} < \pi_M^{FIS}, & \text{if } Q_5 < Q^k < Q_{42} \\ \pi_M^{NIS} = \pi_M^{FIS}, & \text{if } 0 < Q^k < Q_5 \end{cases}$$

（2）当 $d_2 > 6d_1$ 时：

$$\begin{cases} \pi_M^{NIS} > \pi_M^{FIS}, & \text{if } Q_{22} < Q^k < Q_1 \\ \pi_M^{NIS} < \pi_M^{FIS}, & \text{if } Q_{32} < Q^k < Q_{22} \\ \pi_M^{NIS} > \pi_M^{FIS}, & \text{if } Q_{33} < Q^k < Q_{32} \\ \pi_M^{NIS} < \pi_M^{FIS}, & \text{if } Q_4 < Q^k < Q_{33} \\ \pi_M^{NIS} > \pi_M^{FIS}, & \text{if } Q_5 < Q^k < Q_4 \\ \pi_M^{NIS} < \pi_M^{FIS}, & \text{if } Q_6 < Q^k < Q_5 \\ \pi_M^{NIS} = \pi_M^{FIS}, & \text{if } 0 < Q^k < Q_6 \end{cases}$$

定理 5-7 表明，在制造商的信息共享策略与团购数量有关。当团购数量较大时，销售数量为内部均衡，信息不共享始终是占优策略。当团购数量较小时，所有销售数量等于团购数量，处于边界均衡，制造商共享信息与否无影响。当团购数量处于中间水平时，制造商会选择信息共享和不共享，此时市场的不确定性也会影响制造商的信息共享策略。

假设 $d_1 = 2$，$d_2 = 3$，$\delta = 0.1$，$a = 0.5$，$d = 0.01$，$c = 0.03$，可求出制造商的信息共享策略，如图 5-3 所示。

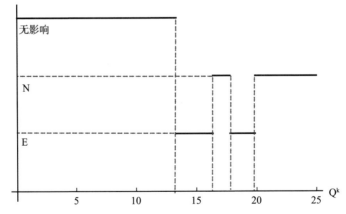

图 5-3　信息共享策略随团购数量的变化趋势（$d_2 < 6d_1$）

如图 5-3 所示，制造商在不同的情形中会选择不同的信息共享策略。当团购数量较大时，所有销售数量都是内部解，团购数量大于销售数量，此时信息不共享始终是占优策略。当团购数量较小时，一些销售数量就会受到团购数量的影响，绑定在团购数量上，此时信息共享策略随着团购数量的变化而变化，信息共享和信息不共享都有可能成为占优策略。当团购数量足够小时（如 $Q^k = 8$），信息共享和信息不共享对制造商没有影响。

假设 $d_1 = 2$，$d_2 = 13$，$\delta = 0.1$，$a = 0.5$，$d = 0.01$，$c = 0.03$，可求出制造商的信息共享策略，如图 5-4 所示。

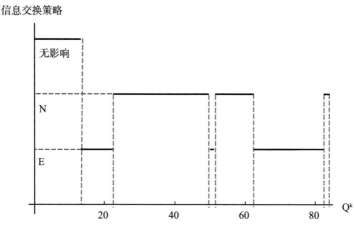

图 5-4　信息共享策略随团购数量的变化趋势（$d_2 > 6d_1$）

图 5-4 为市场的不确定性较大时制造商信息共享策略随团购数量的变化图。与图 5-3 相比，可以发现，市场的不确定性会影响制造商的信息共享策略。在图 5-3 中，当 $Q^k = 20$ 时，信息不共享是制造商的占优策略。然而，在图 5-4 中，当 $Q^k = 20$ 时，信息共享是制造商的占优策略。所以，市场不确定性的增加会使制造商的信息共享策略会反向。

5.4　数 值 分 析

5.3 节给出了团购数量在不同取值范围内制造商的信息交换策略以及供应商和制造商的利润。本节我们进一步通过数值算例来研究供应商、制造商和供应链利润的变化以及不同的参数对最优团购数量的影响，具体计算步骤如下：

（1）根据下游制造商的市场需求函数，计算在均衡条件下制造商可能出现的六种销售情形，并求解在不同的销售情形下对应的团购数量的取值范围；

（2）分别计算在六种不同的销售情形下，制造商在完全信息交换和信息不交换时的销售数量和利润，比较在信息交换和不交换时制造商的利润大小来确定制造商的信息交换策略；

（3）分别计算六种情形下供应商、制造商和供应链的利润；

（4）比较六种情形下制造商的利润，将六种情形中最大利润确定为制造商的全局最大利润，其对应的团购数量为最优团购数量。

在以下算例中，假设 $d_1 = 2$，$d_2 = 3$，$\delta = 0.1$，$a = 0.5$，$d = 0.01$，$c = 0.03$，Q^k 从 0 到 25 进行变化。数值计算结果如图 5 - 5 至图 5 - 7 所示。

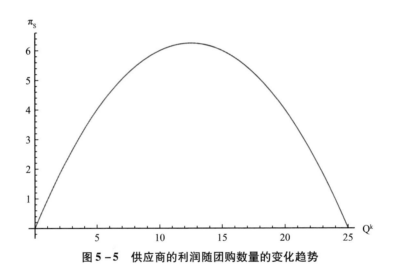

图 5 - 5　供应商的利润随团购数量的变化趋势

由图 5 - 5 可知，团购数量会影响上游供应商的利润。上游供应商的利润随着团购数量的增加，先增长，到达最大值后开始下降。在团购数量较小时，下游制造商团购的数量越高，上游制定的批发价格虽然会随着团购数量的增加而减小，但是制造商销售数量增加的优势远大于批发价格减少对总利润的影响，所以供应商的利润随着团购数量的增加而增加。当团购数量增加到一定的值后，如果下游制造商继续增加团购数量，会导致批发价格过低，所以供应商的利润开始随着团购数量的增加而减小。

　　图 5 - 6 表明下游制造商的利润会受到团购数量的影响。与上游供应链的利润变化趋势类似，下游制造商的利润也是随着团购数量的增加先增加后减少。当团购数量较小时，团购数量越大，制造商的利润越高。因为上游供应商的批发价格是关于团购数量的减函数，所以团购数量越高，批发价格越低。批发价格减少，制造商的采购成本降低。所以制造商的利润会随着团购数量的增加而增加。但是，由于规模不经济的存在，当制造商为了降低批发价格大幅提高采购数量时，购买的数量会大于销售的数量，所以制造商的利润在增加到一定的值后会随着团购数量的增加而减少。

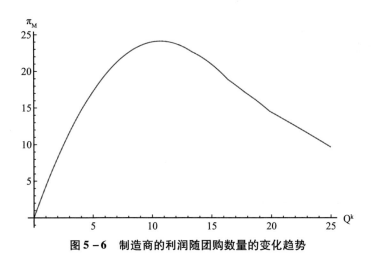

图 5 - 6　制造商的利润随团购数量的变化趋势

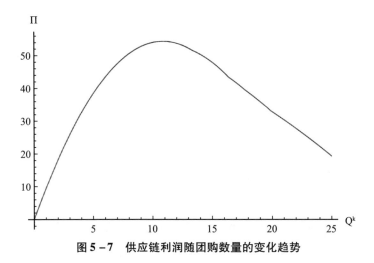

图 5 - 7　供应链利润随团购数量的变化趋势

由图 5 - 7 可知，供应链的利润都随着团购数量的增加先增加后减少。当团购数量较小时，制造商的销售数量等于团购数量，制造商生产的产品无法满足市场的需求，制造商的利润会随着团购数量的增加而增加。与此同时，上游供应商的利润也随着团购数量的增加而增加。所以，团购数量越高，供应链的总利润也越大。随着团购数量的增加，有些销售数量小于团购数量，制造商为了获取更低的团购价格而多生产一些产品来提高利润。但是当团购数量较大时，虽然团购价格降低，由于生产的规模不经济和产品剩余数量的增长，制造商的利润随着团购数量的增长而降低。由于批发价格偏低，上游供应商的利润也随着团购数量的增加而减小。所以，供应链的总利润随着团购数量的增加而减小。

下面变化不同的参数，分析各个参数对最优的团购数量的影响。保持其他参数的值不变，c 从 0.015 到 0.055，σ 从 2 到 8（令 $d_2 = \mu + \sigma$，$d_1 = \mu - \sigma$，$\mu = 8$），d 从 0.01 到 0.065 分别进行变化。计算结果如图 5 - 8 至图 5 - 10 所示。

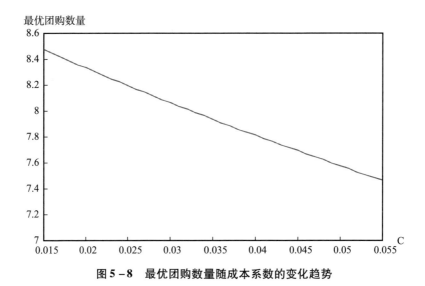

图 5 - 8 最优团购数量随成本系数的变化趋势

由图 5 - 8 可知，制造商最优的团购数量会受到成本系数的影响。成本系数越大，制造商的最优的团购数量越低。当成本系数较小时，生产单位产品的成本较低，制造商为了降低采购成本，制定的团购数量大于销售数量。随着成本系数的增加，生产成本增加，团购数量降低，最终团购数量等于销售数量。

图 5-9 表明，最优的团购数量随着市场不确定性的增加而增加。当市场不确定性较低时，团购数量与销售数量相等。随着市场的不确定性的增加，高的市场需求与低的市场需求之间的差距逐渐增加，基于高的市场需求信息，制造商确定更高的团购数量，团购数量大于销售数量。所以，市场的不确定性越大，最优的团购数量越高。

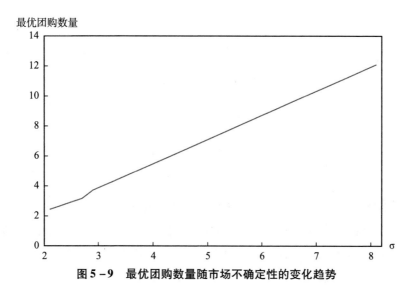

最优团购数量

σ

图 5-9　最优团购数量随市场不确定性的变化趋势

如图 5-10 所示，最优的团购数量随着折扣系数的增加而增加。当折扣力度较小时，团购的价格优势并不显著，因此制造商的团购数量等于销售数量。当折扣力度增加时，相同团购数量对应的团购价格减小，制造商为了获得更低的团购价格而增加团购数量，使团购数量大于销售数量。折扣系数越大，团购的批发价格越低。所以随着折扣系数的增加，制造商最优的团购数量不断增加。

最优团购数量

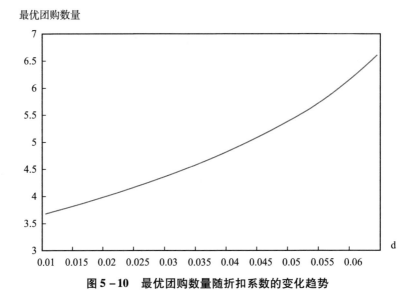

图 5 – 10 最优团购数量随折扣系数的变化趋势

5.5 本 章 小 结

本章构建了一个由一家供应商和两家相互竞争的制造商组成的二级供应链，上游供应商为下游两家制造商提供同质等价的原材料，下游制造商向上游供应商团购原材料生产可替代性产品，并在终端市场进行数量竞争。本章研究了制造商的均衡销售数量、团购数量决策和信息交换方式，以及市场不确定性对信息交换策略的影响。由于制造商的销售数量不能大于团购数量，本章研究了边界均衡对制造商信息交换策略和供应链利润变化的影响。

本章研究结论有三点。

（1）边界均衡会影响制造商的信息交换策略。当团购数量较大时，销售数量为内部均衡状态，此时制造商不会交换信息；当团购数量较小时，一些销售数量受到团购数量限制处于边界均衡，信息交换可能成为制造商的占优策略；当团购数量足够小时，所有的销售数量绑定到团购数量，制造商信息交换或信息不交换无影响。

（2）研究发现制造商的信息交换策略会受到市场的不确定性影响。

（3）数值分析表明，供应商、制造商和供应链的利润都随着团购数量的增加先增加后减少，最优的团购数量随着成本系数的增加而减小，随着市场的不确定性和团购折扣系数的增加而增加。

这些结果对供应链中相互竞争的团购企业的信息交换策略有着指导作用，同时对下游企业如何通过团购数量影响销售数量决策以及上游企业如何制定团购价格从而实现自身利润最大化具有一定的参考价值。

第6章 纵向信息获取和横向信息共享

6.1 概 述

第3章、第4章和第5章都研究了进行数量竞争的企业之间的横向信息共享策略。现实市场中，还存在价格竞争和供应链上下游之间的信息传递。所以，本章在前面三个模型的基础上，研究进行数量竞争或者价格竞争的企业之间的横向信息共享和上下游企业之间的纵向信息获取策略以及最优定价问题。

在模型中，制造商同时为两家零售商提供等价的可替代性商品，零售商向消费者销售商品且进行数量或者价格竞争。以 Cournot 和 Bertrand 博弈为研究手段，求解了零售商的均衡销售价格、订货量决策和信息共享策略，制造商的最大利润和最优批发价格，以及供应链利润。

研究表明，在数量竞争情况下，内部均衡的情况下信息不共享为零售商的占优策略。当一些订货量处于边界均衡时，零售商可能会选择完全信息共享，边界均衡可以改变零售商的信息共享策略。在存在泄露效应的情况下，零售商不会自愿把观测的需求信息共享给上游的制造商。当市场的不确定性处于中间水平时，上游制造商获取零售商信息后供应链总利润增加，因此供应商可以成功购买零售商需求信息；在价格竞争情况下，零售商之间完全信息共享始终为占优策略。考虑下游的边界均衡解，供应链的利润变化还与市场的不确定性和产品的替代性有关。当产品替代性较高或产品替代率较低且市场的不确定性处于中间水平时，制造商获取信息后供应链利润增加，此时制造商可以用部分增加的利润成功购买零售商信息。

　　为了将模型一般化，本章在拓展部分研究了不存在泄露效应的情况下供应链成员的利润和最优的信息获取策略。由于上游企业采取措施防止信息泄露和市场的复杂性等原因，下游企业之间不存在泄露效应。与考虑泄露效应的情况对比发现，在数量竞争情况下，当市场的不确定性处于中间水平时，上游获取下游的信息以后，下游的利润反而增加。在价格竞争情况下，制造商获取信息后的利润变化与产品的替代性和市场的不确定性有关。当产品的替代性较高时，获取零售商信息后制造商和供应链的利润增加。当产品替代性较小时，在产品的替代性处于中间水平的情况下，获取信息会使制造商和供应链的利润增加。如果协调供应链上下游企业做出决策，有利于供应链的整体效益。

　　该模型为上游制造商提供了最优定价和信息获取策略，也为下游零售商提供了求解最优销售价格、销售数量和信息共享决策的方法。

6.2　模型描述

　　与前边三个模型不同，本章构建了二级供应链：上游一个制造商和下游两个零售商。上游制造商为下游两家零售商 A 和 B 提供同质等价的商品，零售商销售可替代性产品，并在终端市场进行数量或价格竞争。零售商各自确定订货量（订货量不能小于 0），并决定是否与另外一家零售商共享信息，不同的信息共享策略下，零售商、制造商和供应链的总利润也不同。制造商从自身利益出发，制定批发价格，并且做出是否获取下游零售商的需求信息的决策。具体模型如图 6 - 1 所示。零售商面对的市场需求函数与前文的模型中下游制造商的市场需求函数相同。

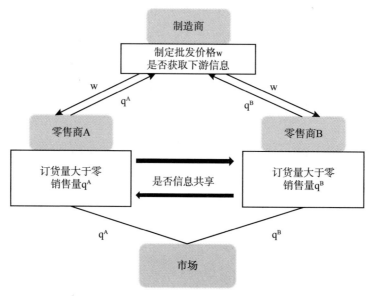

图 6 - 1　供应链模型 4

供应链中的决策包括四个阶段，如图 6 - 2 所示。在第一阶段，制造商决定是否进行信息获取。在本章中，定义信息获取为制造商购买零售商的市场需求信息。假设制造商获取下游零售商需求信息的唯一方法是向下游零售商购买信息。下游零售商根据其利润决定是否将信息出售给制造商。假设零售商出售的信息是真实可靠的。本书考虑两种信息获取策略：（1）不信息获取（no information acquisition，NIA），此时制造商不会购买零售商的市场需求信息 m_k；（2）完全信息获取（full information acquisition，FIA），此时制造商购买零售商的需求信息 m_k。由于存在泄露效应，当制造商获取信息后，零售商 k 可以推测出另外一个零售商 $\hat{k}$ 的需求信息 $m_{\hat{k}}$。在第二阶段，制造商进行批发价格决策 w。假设制造商提供给两个零售商的价格相同，制造商向零售商销售产品的最终目的是实现利润最大化。在第三阶段，零售商进行信息共享决策。本章考虑两种信息共享策略，与第三章中的信息共享策略相同：完全不信息共享和完全信息共享。在第四阶段，零售商根据市场的需求信息进行销售数量或者销售价格决策。

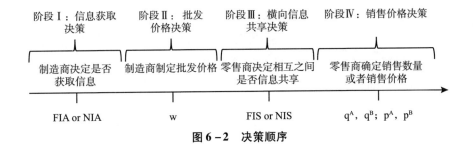

图 6-2 决策顺序

在决策的第四个阶段，零售商决定销售数量或销售价格，在市场中销售产品来获取最高的利润。所以，下游零售商 k 的利润函数：

$$\max_{q_{ij}^k} \pi_{Rk}(i, j) = E_{i,j}\left[q_{ij}^k(d_i + d_j - \delta(q_{ij}^k + q_{ji}^{\hat{k}}) - w)\right]$$

$$s.t. \ 0 \leqslant q_{ij}^k \tag{6-1}$$

当制造商不获取信息时，制造商制定批发价格为 w，下游零售商可能共享信息，也可能不共享信息。所以，零售商的利润函数在不同信息共享方式下可以写为如下两种形式：

当零售商共享需求信息时：

$$\pi_{Rk}^{FIS}(i, j) = q_{ij}^k\left[d_i + d_j - \delta(q_{ij}^k + q_{ji}^{\hat{k}}) - w\right] \tag{6-2}$$

当零售商不共享需求信息时：

$$\pi_{Rk}^{NIS}(i, j) = q_{ij}^k\left[d_i + \sum_{j=1}^2 \frac{d_j}{2} - \delta\left(q_{ij}^k + \sum_{j=1}^2 \frac{q_{ji}^{\hat{k}}}{2}\right) - w\right] \tag{6-3}$$

本章中 $i, j \in \{1, 2\}$，零售商 A 和 B 的产量决策分别为 $Q_A = \{q_{11}^A, q_{12}^A, q_{21}^A, q_{22}^A\}$ 和 $Q_B = \{q_{11}^B, q_{12}^B, q_{21}^B, q_{22}^B\}$。

在决策的第三阶段，两个零售商根据估计的自身期望利润值进行信息共享决策，其期望利润函数可由公式（6-4）来表示。假设两个零售商的 m_k 相互独立且 $p(m_k = d_i) = 1/2$，可得出：

$$\pi_{Rk}^{NIA} = E_{i,j}\left[\pi_{Rk}(i, j)\right] = \frac{1}{4}\sum_{i=1}^2 \sum_{j=1}^2 \pi_{Rk}(i, j) \tag{6-4}$$

在决策的第二阶段，制造商通过调整批发价格来影响零售商的订货量，从而实现利润最大化。制造商的利润函数可用批发价格和期望订货量表示：

$$\pi_M^{NIA} = w\left[\sum_{k=1}^2 E_{i,j}(q_{ij}^k)\right] \tag{6-5}$$

w_{ij}表示当制造商获取了零售商需求信息后，得知零售商 k 需求为 d_i 且零售商 $\hat{k}$ 需求为 d_j 的情况下，制造商的批发价格。由于存在泄露效应，当制造商获取信息时，零售商之间为完全信息共享。因此，得到下游零售商和上游制造商的利润函数：

$$\pi_{Rk}^{FIA} = E_{i,j}[\pi_{Rk}^{FIS}(i, j)] = \frac{1}{4}\sum_{i=1}^{2}\sum_{j=1}^{2}\pi_{Rk}^{FIS}(i, j) \qquad (6-6)$$

$$\pi_{M}^{FIA} = E_{i,j}[\pi_{M}(i, j)] = \left(\frac{1}{4}\sum_{i=1}^{2}\sum_{j=1}^{2}w_{ij}\right)\left[\sum_{k=1}^{2}E_{i,j}(q_{ij}^{k})\right] \qquad (6-7)$$

供应链的总利润为制造商和零售商利润之和，则：

$$\Pi = E[2\pi_R + \pi_M] \qquad (6-8)$$

制造商通过构建利润函数能够计算在利润最大时的批发价格。零售商由公式（6-2）和公式（6-3）求得最优的订货量决策，因此制造商的利润表达式可用期望产量和批发价格的乘积来计算，从而求得使制造商利润最大化的最优定价。

下文将分别研究在不同竞争方式下（数量竞争和价格竞争）零售商的信息共享策略和制造商的最优批发价格以及信息获取策略，同时考虑市场的不确定性和产品的替代性对供应链的影响。

6.3 数 量 竞 争

在本章的供应链模型中，零售商的最优销售数量在纳什均衡点取得。同时，如果销售数量大于等于 0 时才有意义。当销售数量小于 0 时，销售数量只能取 0。首先计算出零售商的最优销售数量。然后分别计算在制造商获取和不获取零售商信息的情况下最优的批发价格以及零售商、制造商、供应链的总利润。对比不同信息获取策略下的供应链利润，求出制造商是否可以获取到下游零售商的信息。

6.3.1 上游制造商不获取下游信息

当制造商不获取零售商信息时，可以求出零售商的最优销售价格。零售商订货量都大于零而不受到零的限制时的最优销售数量为：

（1）零售商不共享需求信息时：

$$q_{11}^k = q_{12}^k = 7d_1/12\delta + d_2/12\delta - w/3\delta$$

$$q_{21}^k = q_{22}^k = (d_1 + 7d_2 - 4w)/12\delta$$

（2）零售商共享需求信息时：

$$q_{11}^k = (2d_1 - w)/3\delta$$

$$q_{21}^k = q_{12}^k = (d_1 + d_2 - w)/3\delta$$

$$q_{22}^k = (2d_2 - w)/3\delta$$

根据以上计算结果，比较内部均衡下零售商订货量的大小关系，可以得到引理 6-1。

引理 6-1： 在内部均衡的情形下，下游零售商在均衡条件下的订货量大小关系为：

$q_{22}^k(FIS) > q_{21}^k(NIS) = q_{22}^k(NIS) > q_{12}^k(FIS) = q_{21}^k(FIS) > q_{11}^k(NIS) = q_{12}^k(NIS) > q_{11}^k(FIS)$。

根据订货量大小关系，本书由小到大依次讨论订货量是否受到 0 的限制，得到表 6-1 中的六种订货量情形。

表 6-1　　　　　　　　　订货量情形

订货量情形	条件	$q_{22}^A(FIS)$	$q_{21}^A(NIS)$, $q_{22}^A(NIS)$	$q_{12}^A(FIS)$, $q_{21}^A(FIS)$	$q_{11}^A(NIS)$, $q_{12}^A(NIS)$	$q_{11}^A(FIS)$
1（q_1^{IE}）	$w < w_1$	q_1	q_2	q_3	q_4	q_5
2（q_2^{BE}）	$w_1 < w < w_2$	q_1	q_2	q_3	q_4	0
3（q_3^{BE}）	$w_2 < w < w_3$	q_1	q_6	q_3	0	0
4（q_4^{BE}）	$w_3 < w < w_4$	q_1	q_6	0	0	0
5（q_5^{BE}）	$w_4 < w < w_5$	q_1	0	0	0	0
6（q_6^{BE}）	$w_5 < w$	0	0	0	0	0

表 6-1 总结了每种情形中的最优订货量和批发价格的取值范围。式（6-9）列出了最优订货量的取值，与表 6-1 中的 q 值对应。

$$\begin{cases} q_1 = \dfrac{2d_1 - w}{3\delta} \\[3mm] q_2 = \dfrac{7d_1}{12\delta} + \dfrac{d_2}{12\delta} - \dfrac{w}{3\delta} \\[3mm] q_3 = \dfrac{d_1 + d_2 - w}{3\delta} \\[3mm] q_4 = \dfrac{d_1 + 7d_2 - 4w}{12\delta} \\[3mm] q_5 = \dfrac{2d_2 - w}{3\delta} \\[3mm] q_6 = -\dfrac{2w - d_1 - 3d_2}{5\delta} \end{cases} \tag{6-9}$$

式（6-10）为表6-1中每种订货量情形中批发价格在不同取值范围内的边界值。

$$\begin{cases} w_1 = 2d_1 \\[3mm] w_2 = \dfrac{7d_1 + d_2}{4} \\[3mm] w_3 = d_1 + d_2 \\[3mm] w_4 = \dfrac{d_1 + 3d_2}{2} \\[3mm] w_5 = 2d_2 \end{cases} \tag{6-10}$$

在制造商没有获取零售商信息的情况下，首先计算并比较在每种订货量情形中，零售商在不同信息共享策略下的期望利润，做出最优的信息共享决策。然后根据零售商的最优信息共享决策计算上游制造商能够获取的最大利润。最后综合比较每种订货量情形中上游制造商的利润，选择使上游制造商利润最大的定价决策。

接下来，将对本章供应链模型中这六种订货量情形分别进行数学分析。将批发价格 w 代入零售商的利润函数中，计算出零售商在完全信息共享和完全信息不共享时的利润，通过比较零售商在共享和不共享信息时的利润值的大小确定零售商信息共享方式。由表6-1可知，批发价格 w 有六种不同的取值范围。在计算过程中，首先计算出每种情况下制造商的最大利润 π_{Mi}^*，$i = 1, 2, \cdots, 6$ 和对应的最优定价 w_i^*，$i = 1, 2, \cdots, 6$，再

比较 π_{Mi}^* 得出的最大利润为制造商的整体最大利润 $\pi_M^* = Max(\pi_{Mi}^*)$，对应的批发价格为最优定价 w^*。讨论制造商的最优定价时，在每种均衡情况中只考虑批发价格 w 在取值范围内使得利润函数取得极大值点的定价。当批发价格 w 的值不在取值范围内时为其他订货量情形。

引理 6-2：当 $w_1^* < w_1$ 时：

（1）$\pi_{R1}^{NIS} > \pi_{R1}^{FIS}$；

（2）$\pi_{M1}^{NIS} = \pi_{M1}^{FIS}$；

（3）制造商的最优定价为 $w_1^* = (d_1 + d_2)/2$，最大利润为：$\pi_{M1}^* = (d_1 + d_2)^2/12\delta$。

上述引理表明，在内部均衡下，下游零售商总是会选择信息不共享。有趣的是，上游制造商在信息共享和信息不共享的情况下期望利润相等。在情形 1 中，制造商和零售商不会有利益冲突。

引理 6-3：当 $w_1 < w_2^* < w_2$ 时：

（1）$\pi_{R2}^{NIS} > \pi_{R2}^{FIS}$；

（2）$\pi_{M2}^{NIS} < \pi_{M2}^{FIS}$；

（3）制造商的最优定价为 $w_2^* = (d_1 + d_2)/2$，最大利润为 $\pi_{M2}^* = (d_1 + d_2)^2/12\delta$。

引理 6-3 表明，在情形 2 中，最小的订货量 $q_{11}^k(FIS)$ 首先碰到边界，绑定到 0。显然，在信息共享的情况下零售商的总订货量减少，因此零售商的利润减小。$\pi_{R2}^{NIS} = \pi_{R1}^{NIS} > \pi_{R1}^{NIS} > \pi_{R2}^{NIS}$，零售商始终会选择信息不共享。然而，制造商在零售商信息共享的情形下的利润更高。当 $q_{11}^k(FIS)$ 绑定到 0，零售商总订货量减少，但是制造商的最优批发价格增加 $[w_2^{FIS} = (d_1 + 2d_2)/3 > w_1^* = (d_1 + d_2)/2]$，所以即使 $q_{11}^k(FIS)$ 在情形 2 中减少，制造商利润在共享的情形下大于不共享的情形，$\pi_{M2}^{FIS} > \pi_{M1}^{FIS}$。此时，制造商和零售商产生利润冲突。

引理 6-4：当 $w_2 < w_3^* < w_3$ 时：

（1）如果 $w_2 < w_3^* < \dfrac{2(2d_1 + d_2)}{3}$，那么 $\pi_{R3}^{NIS} > \pi_{R3}^{FIS}$；如果 $\dfrac{2(2d_1 + d_2)}{3} < w_3^* < w_3$，那么 $\pi_{R3}^{NIS} < \pi_{R3}^{FIS}$；

（2）如果 $w_2 < w_3^* < \dfrac{2(2d_1 + d_2)}{3}$，那么 $\pi_{M3}^{NIS} < \pi_{M3}^{FIS}$；如果 $\dfrac{2(2d_1 + d_2)}{3} <$

$w_3^* < w_3$，那么 $\pi_{M3}^{NIS} > \pi_{M3}^{FIS}$；

（3）如果 $13d_1 < d_2$，制造商的最优批发价格为 $w_3^* = 2(2d_1 + d_2)/3$，最大利润为 $\pi_{M3}^* = (d_2 - d_1)(2d_1 + d_2)/9\delta$；如果 $13d_1 > d_2$，制造商的最优批发价格为 $w_3^* = (d_1 + 3d_2)/4$，最大利润为 $\pi_{M3}^* = (d_1 + 3d_2)^2/80\delta$。

引理 6 – 4 表明，如果 $w_2 < w_3^* < 2(2d_1 + d2)/3$，那么 $\pi_{R3}^{NIS} > \pi_{R3}^{FIS}$ 且 $\pi_{M3}^{NIS} < \pi_{M3}^{FIS}$。如果 $2(2d_1 + d2)/3 < w_3^* < w_3$，那么 $\pi_{R3}^{NIS} < \pi_{R3}^{FIS}$ 且 $\pi_{M3}^{NIS} > \pi_{M3}^{FIS}$。当 $w_3^* = 2(2d_1 + d2)/3$ 时，$\pi_{R3}^{NIS} = \pi_{R3}^{FIS}$ 且 $\pi_{M3}^{NIS} = \pi_{M3}^{FIS}$。制造商的批发价格影响零售商的信息共享策略。

引理 6 – 2 和引理 6 – 4 表明边界均衡会影响下游零售商的信息共享策略。在情形 3 中，$q_{11}^k(NIS) = q_{12}^k(NIS) = q_{11}^k(FIS) = 0$，当 $2(2d_1 + d_2)/3 < w_3^* < w_3$ 时，零售商选择信息共享。在情形 1 中，$q_{11}^k(NIS) = q_{12}^k(NIS) > q_{11}^k(FIS) > 0$，零售商选择不共享信息。所以，当一些订货量绑定到 0 时，零售商的信息共享策略会发生反转。

引理 6 – 4 表明市场的不确定性影响零售商的信息共享策略。当市场的不确定性较小时（$d_2 < 13d_1$），信息不共享始终是零售商的占优策略。当市场的不确定性较大时（$d_2 > 13d_1$），零售商会选择信息共享。

引理 6 – 5：当 $w_3 < w_4^* < w_4$ 时：

（1）$\pi_{R4}^{NIS} < \pi_{R4}^{FIS}$；

（2）$\pi_{M4}^{NIS} < \pi_{M4}^{FIS}$。

上述引理表明零售商总是会选择信息共享，由于信息共享的利润大于不信息共享的利润。信息共享是零售商的占优策略。上游制造商的利润在信息共享的情况下大于不共享的利润。因此，制造商和零售商在情形 4 没有利润冲突。制造商的最大利润不会在情形 4 中取得（制造商的最优批发价格 $w_4^* < w_3$）。

引理 6 – 6：当 $w_4 < w_5^* < w_5$ 时：

（1）$\pi_{R5}^{NIS} < \pi_{R5}^{FIS}$；

（2）$\pi_{M5}^{NIS} < \pi_{M5}^{FIS}$。

引理 6 – 6 表明，在信息共享策略下，制造商和零售商都会获得更高的利润。在情形 5 下，制造商和零售商没有利益冲突。但是，制造商的最优定价 $w_5^* < w_4$，因此制造商的最大利润不会在情形 5 中取得。

引理 6 - 7：当 $w_5 < w_6^* < w_6$ 时：

（1）$\pi_{R6}^{NIS} = \pi_{R6}^{FIS}$；

（2）$\pi_{M6}^{NIS} = \pi_{M6}^{FIS}$；

（3）制造商的利润为 0。

引理 6 - 7 表明下游零售商和上游制造商在信息共享和不共享的期望利润相等。所以，无论零售商是否共享信息，零售商和制造商之间都没有利润冲突。

比较制造商在六种订货量情形中的利润，求出制造商的最大利润，得到以下定理。

定理 6 - 1：当制造商不获取零售商的信息时：

（1）如果 $d_2 < 3.7845d_1$，零售商的最大利润为：$\pi_R^{NIA*} = (13d_1^2 - 10d_1d_2 + 13d_2^2)/144\delta$，最优的信息共享策略为 NIS，制造商的最优批发价格为 $w^* = (d_1 + d_2)/2$，最大利润为 $\pi_M^{NIA*} = (d_1 + d_2)^2/12\delta$，供应链的利润为 $\Pi^{NIA*} = (19d_1^2 + 2d_1d_2 + 19d_2^2)/72\delta$；

（2）如果 $3.7845d_1 < d_2 < 13d_1$，零售商的最大利润为：$\pi_R^{NIA*} = (d_1 + 3d_2)^2/200\delta$，最优的信息共享策略为 NIS，制造商的最优批发价格为：$w^* = (d_1 + 3d_2)/4$，最大利润为：$\pi_M^{NIA*} = (d_1 + 3d_2)^2/80\delta$，供应链的利润为：$\Pi^{NIA*} = 9(d_1 + 3d_2)^2/400\delta$；

（3）如果 $13d_1 < d_2$，零售商的最大利润 $\pi_R^{NIA*} = (d_1 - d_2)^2/18\delta$，最优的信息共享策略为 FIS，制造商的最优批发价格 $w^* = 2(2d_1 + d_2)/3$，最大利润为 $\pi_M^{NIA*} = (d_2 - d_1)(2d_1 + d_2)/9\delta$，供应链的利润为 $\Pi^{NIA*} = (d_2 - d_1)(d_1 + 2d_2)/9\delta$。

定理 6 - 1 表明，当制造商没有获取零售商信息时，信息共享和信息不共享都有可能是零售商的占优策略，零售商的信息共享策略和市场的不确定性有关。当市场的不确定性足够大时（$d_2 > 13d_1$），零售商的占优策略为信息共享。当市场不确定性较小时（$d_2 < 13d_1$），零售商选择信息不共享。由上述定理可知，制造商的最大利润只会在情形 1、情形 2 和情形 3 中取得。

6.3.2　上游制造商获取下游信息

下面考虑制造商获取零售商信息的情况。由于泄露效应的存在，此时零售之间为完全信息共享。计算零售商的最优数量。在订货量未受到 0 的限制时，零售商 k 的最优订货量为：$q_{ij}^k = (d_i + d_j - w_{ij})/(3\delta)$。$\pi_{Rij}$ 和 π_{Mij} 分别表示制造商获取零售商信息后，得知两个零售商的需求分别为 d_i 和 d_j 的情况下零售商和制造商的利润。制造商的最大利润和最优定价为 π_M^{FIA} 和 w_{ij}^*，零售商和供应链的最大利润为 π_R^{FIA} 和 Π^{FIA}。

定理 6 - 2： 当制造商获取零售商信息时，

（1）零售商的最大利润为：$\pi_R^{FIA} = \dfrac{3d_1^2 + 2d_1 d_2 + 3d_2^2}{72\delta}$；

（2）制造商的最优批发价格为：$w_{11}^* = d_1$，$w_{12}^* = w_{21}^* = (d_1 + d_2)/2$ 和 $w_{22}^* = d_2$，制造商的最大利润为：$\pi_M^{FIA} = \dfrac{3d_1^2 + 2d_1 d_2 + 3d_2^2}{72\delta}$；

（3）供应链的最大利润为：$\Pi^{FIA} = \dfrac{5(3d_1^2 + 2d_1 d_2 + 3d_2^2)}{72\delta}$。

定理 6 - 2 给出了制造商在获取信息时制造商、零售商和供应链的最大利润。与定理 6 - 1 相比，定理 6 - 2 中有四种批发价格。当制造商获取到零售商信息以后，根据零售商不同的需求信息状态来制定出不同的批发价格。

6.3.3 信息获取和信息不获取利润比较

制造商想要获取信息的唯一方法是从下游零售商购买信息，因此在模型决策的第一个阶段，考虑这样一个博弈：制造商向零售商支付 β 元来购买需求信息，零售商决定是否出售自己的需求信息。如果零售商决定出售信息，则与制造商签署信息销售协议，并在其观测到自身需求后必须以 β 元卖给制造商。制造商在获得零售商信息后，根据零售商的需求信息来制定最优的批发价格。

定理 6 - 3： 比较制造商获取信息和不获取信息时的利润，可得到如下结论：

（1）$\pi_R^{FIA} < \pi_R^{NIA}$；

（2）$\pi_M^{FIA} > \pi_M^{NIA}$；

（3）当且仅当 $3.7845d_1 < d_2 < (9 + 2\sqrt{26})d_1$，$\Pi^{FIA} > \Pi^{NIA}$；当 $d_2 <$

3.7845d$_1$ 或者 d$_2$ > (9 + 2 $\sqrt{26}$)d$_1$ 时，Π^{FIA} < Π^{NIA}。

　　定理 6 – 3 表明当制造商获取信息后，零售商的利润总是减少，所以零售商不会主动把信息泄露给制造商。但是，制造商获取零售商信息后利润增加。定理 6 – 3 给出了在满足一定的条件下制造商获取零售商信息后供应链的利润增加。当市场的不确定性处于中间水平时 [3.7845d$_1$ < d$_2$ < (9 + 2 $\sqrt{26}$)d$_1$]，制造商获取信息后供应链的利润增加，此时，制造商可以将增加的一部分利润分给零售商，弥补零售商由于销售信息给制造商而造成的损失。换言之，当市场的不确定性处于中间水平时 [3.7845d$_1$ < d$_2$ < (9 + 2 $\sqrt{26}$)d$_1$]，制造商可以成功购买到下游零售商的需求信息。

　　在以往的研究中，许多学者发现下游的零售商不会主动把信息共享给上游的制造商（Li L，2002 and Zhang H T et al.，2002）。本书的研究结果与这些研究是一致的，但不同的是，研究表明在下游零售商的数量足够多时（最少大于两个零售商），零售商共享信息以后供应链的总利润才会增加（Lode Li，2002）。而本模型考虑了边界均衡解，给出了一些产品替代率和市场不确定性的条件，在满足条件的情况下，下游只有两个零售商时供应链的利润也会增加，此时制造商能够获取零售商的信息。

　　定理 6 – 3 还表明市场的不确定性会影响制造商的信息获取策略。当市场的不确定性较小（d$_2$ < 3.7845d$_1$）或者较大 [d$_2$ < (9 + 2 $\sqrt{26}$)d$_1$] 时，制造商获取信息后增加的利润小于零售商由于出售信息而减少的利润，所以这种情况下制造商无法成功获取到零售商的信息。当市场的不确定性处于中间水平时这 [3.7845d$_1$ < d$_2$ < (9 + 2 $\sqrt{26}$)d$_1$]，供应链总利润增加，制造商能够获取零售商信息。此时，一些订货量处于边界均衡绑定在 0 上。与内部均衡相比，当制造商增加批发价格时，零售商处于边界均衡的订货量无法减小，因此制造商制定了更高的批发价格，损害了零售商利润，但是制造商利润大幅提高。

6.3.4　数值分析

　　6.2 节给出了批发价格在不同取值范围内零售商的信息共享策略和制造商最优定价以及信息获取策略。本节我们进一步通过数值算例来研究制造商的信息获取策略和供应链利润的变化。具体计算步骤如下：

（1）根据下游零售商的市场需求函数，计算上游没有获取信息时在均衡条件下零售商可能出现的六种订货情况，分析计算出每种订货量情形中零售商的最优销售数量和制造商的批发价格的变化范围；

（2）分别比较在六种不同的订货量情形下信息共享和不共享时的零售商的利润大小来确定零售商的信息共享策略；分别计算六种情形下上游制造商的最大利润和最优定价，比较六种情况下制造商的利润，将六种情形中最大利润确定为制造商信息不获取时的全局最大利润，其对应的批发价格为最优定价；

（3）计算制造商获取零售商的信息时，制造商的最优批发定价 w_{ij} 和供应链以及供应链中各个成员的利润；

（4）分析比较制造商在获取和不获取零售商信息时，供应链以及供应链中各个成员的利润。

在以下算例中，假设 $d_1 = \mu - \sigma$，$d_2 = \mu + \sigma$，$\mu = 9$，σ 从 0 到 8.5 进行变化。数值计算结果如图 6-3 至图 6-6 所示。

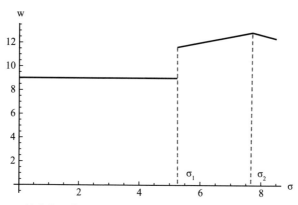

图 6-3　制造商不获取信息时的批发价格随市场不确定性的变化趋势

图 6-3 表明在制造商不获取信息时的批发价格随着市场需求的不确定性的变化而变化。当市场需求不确定性较小时（$\sigma < \sigma_1$，即 $d_2 < 3.7845d_1$），批发价格是一个定值。当 $\sigma = \sigma_1$（$d_2 < 3.7845d_1$）时，零售商一些订货量刚好处于边界均衡，绑定到 0 上。如果上游制造商增加批发价格，零售商无法减小处于边界均衡的订货量，所以制造商大幅增加批发价格。当市场

不确定性较大时（$\sigma_1 < \sigma < \sigma_2$，即 $3.7845d_1 < d_2 < 13d_1$），批发价格随着市场的不确定性的增加而增加。当市场不确定性足够大时（$\sigma > \sigma_2$，即 $d_2 > 13d_1$），批发价格随着市场的不确定性的增加而减小。

图 6 - 4 表明制造商在信息获取的情况下的利润随着市场不确定性的增加而增加。市场的不确定性越大，零售商的市场需求越大。当 $\sigma < \sigma_1$（即 $d_2 < 3.7845d_1$）时，所有的订货量都处于内部均衡，所以制造商的利润在信息不获取时是一个定值。当 $\sigma > \sigma_1$（即 $d_2 > 3.7845d_1$）时，一些订货量受到限制处于边界均衡，制造商的利润随着市场的不确定性的增加而增加。图 6 - 4 还可以说明制造商的利润在信息获取的情形下总是大于信息不获取时的利润。

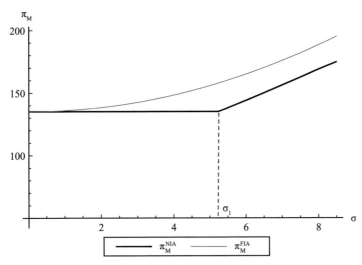

图 6 - 4　制造商的利润随市场不确定性的变化趋势

图 6 - 5 表明在获取信息的情况下零售商的利润随着市场不确定的增加而增加。在信息不获取的情况下，零售商的利润也会受到市场的不确定性的影响。当市场需求不确定性较小时（$\sigma < \sigma_1$，即 $d_2 < 3.7845d_1$），零售商的订货量为内部均衡解，信息不共享为零售商的占优策略。零售商的利润随着市场不确定性的增加而增加。当 $\sigma = \sigma_1$（即 $d_2 < 3.7845d_1$）时，制造商大幅增加批发价格，导致零售商的利润迅速降低。当市场不确定性较大时（$\sigma_1 < \sigma < \sigma_2$，即 $3.7845d_1 < d_2 < 13d_1$），一些订货量受到边界

的限制，相对内部均衡的情况，零售商的订货量降低。市场的不确定性的越大，零售商的利润也越大，但是增长的速度降低。当市场不确定性足够大时（$\sigma > \sigma_2$，即 $d_2 > 13d_1$），信息共享为零售商的占优策略，因此，零售商的利润增加速度变快。市场的不确定性的增加会使零售商信息共享策略反向。图 6 – 5 还可以说明，零售商的利润在信息获取的情况下总是小于信息不获取时的利润，所以零售商不会自愿把自身信息共享给制造商。

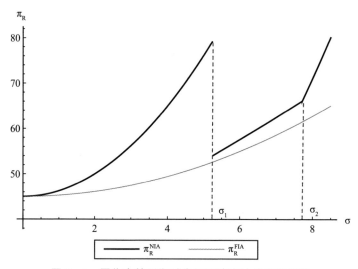

图 6 – 5　零售商的利润随市场不确定性的变化趋势

图 6 – 6 表明在信息获取的情况下供应链的利润随市场的不确定性的增加而增加。市场的不确定性影响供应链的利润变化。当市场的不确定性较大或者较小时［$\sigma < \sigma_1$ 或者 $\sigma > \sigma_3$，即 $d_2 > (9 + 2\sqrt{26})d_1$ 或者 $d_2 < 3.7845d_1$］，制造商获取信息后供应链利润减少，制造商增加的利润不足以弥补零售商的损失，制造商不能成功购买到零售商的信息。当市场的不确定性处于中间水平时［$\sigma_1 < \sigma < \sigma_3$，即 $3.7845d_1 < d_2 < (9 + 2\sqrt{26})d_1$］，制造商获取零售商信息后供应链的总利润增加。此时，制造商可以成功获取到零售商的信息。

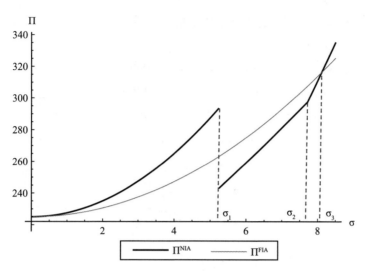

图 6-6 供应链的利润随市场不确定性的变化趋势

6.4 价 格 竞 争

6.3 节研究发现，在数量竞争的情况下，市场的不确定性会影响信息获取策略和横向信息共享策略。在现实中，一些企业之间进行价格竞争。本小节在数量竞争的基础上，将模型拓展到零售商进行价格竞争的情形，发现一些结论在价格竞争中仍然成立。与数量竞争的计算步骤相同，运用倒推法首先求解最优的销售价格和销售数量，其次分析零售商的信息共享策略和制造商的最优定价，最后比较信息获取和信息不获取情况下制造商的期望利润，确定信息获取策略。

6.4.1 上游制造商不获取下游信息

与数量竞争不同，下游零售商在进行价格竞争时，面对的市场需求函数为：$q_{ij}^k = m - p_{ij}^k + \theta p_{ij}^{\hat{k}}$。$p_{ij}^k$ 表示零售商 k 在自身需求 $m_k = d_i$、零售商 $\hat{k}$ 需求为 d_j 的情形下的销售价格，其中 i，j ∈ {1，2} 且 $\hat{k} \in K \backslash k$。参数 θ 为产品的替代率，本书考虑零售商之间销售的产品可相互替代，即 0 < θ < 1。

当制造商不获取信息时，可以求出零售商的最优销售价格。零售商订货量不受到 0 的限制时的最优销售价格为：

当零售商之间不共享信息时：

$$p_{11}^k(NIS) = p_{12}^k(NIS) = (4w + 6d_1 - \theta d_1 + 2d_2 + \theta d_2)/4(2-\theta)$$

$$p_{21}^k(NIS) = p_{22}^k(NIS) = (4w + 2d_1 + \theta d_1 + 6d_2 - \theta d_2)/4(2-\theta)$$

当零售商之间共享信息时：

$$p_{11}^k(FIS) = (2d_1 + w)/(2-\theta)$$

$$p_{21}^k(FIS) = p_{12}^k = (d_1 + d_2 + w)/(2-\theta)$$

$$p_{22}^k(FIS) = (2d_2 + w)/(2-\theta)$$

将零售商的最优销售价格代入需求反函数，$q_{ij}^k = m - p_{ij}^k + \theta p_{ji}^{\hat{k}}$，可得到最优的订货量为：

（1）当零售商之间不共享信息时：

$$q_{11}^k(NIS) = q_{12}^k(NIS) = [(2+\theta)d_2 - 4w(1-\theta) + (6-\theta)d_1]/4(2-\theta)$$

$$q_{21}^k(NIS) = q_{22}^k(NIS) = [(2+\theta)d_1 - 4w(1-\theta) + (6-\theta)d_2]/4(2-\theta)$$

（2）当零售商之间共享信息时：

$$q_{11}^k(FIS) = (w\theta + 2d_1 - w)/(2-\theta)$$

$$q_{22}^k(FIS) = (2d_2 - w + w\theta)/(2-\theta)$$

$$q_{21}^k(FIS) = q_{12}^k(FIS) = (w\theta + d_1 + d_2 - w)/(2-\theta)$$

根据以上计算结果，比较内部均衡下零售商订货量的大小关系，可以得到引理 6-8。

引理 6-8：在内部均衡的情况下，下游零售商在均衡条件下的订货量大小关系为：

$q_{22}^k(FIS) > q_{21}^k(NIS) = q_{22}^k(NIS) > q_{12}^k(FIS) = q_{21}^k(FIS) > q_{11}^k(NIS) = q_{12}^k(NIS) > q_{11}^k(FIS)$。

根据订货量大小关系，本书由小到大依次讨论订货量是否受到 0 的限制，得到表 6-2 中的六种订货量情形。

表 6-2　　　　　　　　　　　订货量情形

情形	条件	$q_{22}^A(FIS)$	$q_{21}^A(NIS)$, $q_{22}^A(NIS)$	$q_{12}^A(FIS)$, $q_{21}^A(FIS)$	$q_{11}^A(NIS)$, $q_{12}^A(NIS)$	$q_{11}^A(FIS)$
$1(q_1^{IE})$	$w < w_1$	q_1	q_2	q_3	q_4	q_5
$2(q_2^{BE})$	$w_1 < w < w_2$	q_1	q_2	q_3	q_4	0

情形	条件	q_{22}^A (FIS)	q_{21}^A (NIS), q_{22}^A (NIS)	q_{12}^A (FIS), q_{21}^A (FIS)	q_{11}^A (NIS), q_{12}^A (NIS)	q_{11}^A (FIS)
3 (q_3^{BE})	$w_2 < w < w_3$	q_1	q_6	q_3	0	0
4 (q_4^{BE})	$w_3 < w < w_4$	q_1	q_6	0	0	0
5 (q_5^{BE})	$w_4 < w < w_5$	q_1	0	0	0	0
6 (q_6^{BE})	$w_5 < w$	0	0	0	0	0

表 6 - 2 总结了每种情形中的最优订货量和批发价格的取值范围。式 (6 - 11) 列出了最优订货量的取值，与表 6 - 2 中的 q 值对应。

$$\begin{cases} q_1 = \dfrac{w\theta + 2d_2 - w}{2 - \theta} \\[2mm] q_2 = \dfrac{(2 + \theta)d_1 - 4w(1 - \theta) + (6 - \theta)d_2}{4(2 - \theta)} \\[2mm] q_3 = \dfrac{w\theta + d_1 + d_2 - w}{2 - \theta} \\[2mm] q_4 = \dfrac{(2 + \theta)d_2 - 4w(1 - \theta) + (6 - \theta)d_1}{4(2 - \theta)} \\[2mm] q_5 = \dfrac{w\theta + 2d_1 - w}{2 - \theta} \\[2mm] q_6 = \dfrac{(1 + \theta)d_1 - 2w(1 - \theta) + (3 - \theta)d_2}{4 - 3\theta} \end{cases} \qquad (6 - 11)$$

式 (6 - 12) 为表 6 - 2 中每种订货量情形中批发价格在不同取值范围内的边界值。

$$\begin{cases} w_1 = \dfrac{2d_1}{1 - \theta} \\[2mm] w_2 = \dfrac{2d_1 + d_1\theta + 6d_2 - d_2\theta}{4(1 - \theta)} \\[2mm] w_3 = \dfrac{d_1 + d_2}{1 - \theta} \\[2mm] w_4 = \dfrac{6d_1 + 2d_2 + d_2\theta - d_1\theta}{4(1 - \theta)} \\[2mm] w_5 = \dfrac{2d_2}{1 - \theta} \end{cases} \qquad (6 - 12)$$

类似地，根据市场需求函数可以计算每种订货量情形下的最优销售价格，如表6-3所示。

表6-3   批发价格的均衡解

订货量情形	条件	p_{22}^A(FIS)	p_{21}^A(NIS)，p_{22}^A(NIS)	p_{12}^A(FIS)，p_{21}^A(FIS)	p_{11}^A(NIS)，p_{12}^A(NIS)	p_{11}^A(FIS)
$1(p_1^{IE})$	$w < w_1$	p_1	p_2	p_3	p_4	p_5
$2(p_2^{BE})$	$w_1 < w < w_2$	p_1	p_2	p_3	p_4	p_6
$3(p_3^{BE})$	$w_2 < w < w_3$	p_1	p_7	p_3	p_8	p_6
$4(p_4^{BE})$	$w_3 < w < w_4$	p_1	p_7	p_9	p_8	p_6
$5(p_5^{BE})$	$w_4 < w < w_5$	p_1	p_{10}	p_9	p_{11}	p_6
$6(p_6^{BE})$	$w_5 < w$	p_{12}	p_{10}	p_9	p_{11}	p_6

表6-3中总结了每一种情形中的最优销售价格，以下列出了销售价格的取值，与表6-3中的p值对应。

$$p_1 = \frac{2d_2 + w}{2 - \theta}$$

$$p_2 = \frac{4w + 2d_1 + \theta d_1 + 6d_2 - \theta d_2}{4(2 - \theta)}$$

$$p_3 = \frac{d_1 + d_2 + w}{2 - \theta}$$

$$p_4 = \frac{4w + 6d_1 - \theta d_1 + 2d_2 + \theta d_2}{4(2 - \theta)}$$

$$p_5 = \frac{2d_1 + w}{2 - \theta}$$

$$p_6 = \frac{2d_1}{2 - \theta}$$

$$p_7 = \frac{w\theta + 6d_1 - d_1\theta + 2d_2 + d_2\theta}{4 - 3\theta}$$

$$p_8 = \frac{2w - w\theta + d_1 + d_1\theta + 3d_2 - d_2\theta}{4 - 3\theta}$$

$$p_9 = \frac{d_1 + d_2}{2 - \theta}$$

$$p_{10} = \frac{3d_1 - d_1\theta + d_2 + d_2\theta}{2(1-\theta)}$$

$$p_{11} = \frac{d_1 + d_1\theta + 3d_2 - d_2\theta}{2(1-\theta)}$$

$$p_{12} = \frac{2d_2}{2-\theta}$$

引理 6 - 9：当 $w_1 < w_1^*$ 时，零售商的均衡解为 q_1^{IE}，可得到如下结论：

（1） $\pi_{R1}^{NIS} < \pi_{R1}^{FIS}$；

（2）当且仅当 $d_2 < 3d_1$ 时，制造商的最优定价策略为：$w_1^* = (d_1 + d_2)/2$ $(1-\theta)$，制造商能获取的最大利润为：$\pi_{M1}^* = (d_1 + d_2)^2/4(2-\theta)(1-\theta)$。

以上引理表明，下游零售商的最优策略始终为信息共享。而无论下游零售商信息策略如何，上游制造商的期望利润始终相等。因此，上下游企业之间不存在信息共享方面的利益冲突。上游制造商可以通过定价决策实现利润最大化。

类似引理 6 - 9 的计算步骤，在制造商没有获取零售商信息的情形下，求解每种订货量情况下供应链各成员的利润，比较零售商在信息共享和信息不共享时的利润确定零售商的信息共享策略。其中，π_{Mi}^{NIS} 和 π_{Mi}^{FIS} 分别表示零售商之间完全信息不共享和完全信息共享时制造商的利润，$i = 1$，2，$\cdots$，6。计算可得到引理 6 - 10。

引理 6 - 10：在上游制造商没有获取下游零售商需求信息的情形下，完全信息共享始终是下游零售商的占优策略。

引理 6 - 10 表明，无论是在内部均衡还是边界均衡下，零售商之间都会进行信息共享。

比较六种情形下制造商的利润，将制造商最大的利润确定为最大利润 π_M^{NIA}，对应的定价为最优批发价格 w^*。由此，得到定理 6 - 4。

定理 6 - 4：当制造商不获取信息时，可得到如下结论：

（1）如果 $d_2 < (1+\sqrt{3})d_1$，零售商的最大利润为：$\pi_R^{NIA} = (3d_1^2 - 2d_1d_2 + 3d_2^2)/4(2-\theta)^2$，制造商的最优批发价格为：$w^* = (d_1 + d_2)/2(1-\theta)$，制造商能获取的最大利润为：$\pi_M^{NIA} = (d_1 + d_2)^2/4(2-\theta)(1-\theta)$，供应链的最大利润为：$\Pi^{NIA} = [(5-4\theta)d_1^2 + 2d_1d_2 + (5-4\theta)d_2^2]/4(2-\theta)^2$ $(1-\theta)$；

（2）如果 $d_2 > (1 + \sqrt{3})d_1$，零售商的最大利润为：$\pi_R^{NIA} = (d_1^2 + 2d_2^2)/4$ $(2 - \theta)^2$，制造商的最优批发价格为：$w^* = (d_1 + 2d_2)/3(1 - \theta)$，制造商能获取的最大利润为：$\pi_M^{NIA} = (d_1 + 2d_2)^2/12(2 - \theta)(1 - \theta)$，供应链的最大利润为：$\Pi^{NIA} = [(2 - \theta)(d_1 + 2d_2)^2 + 3(1 - \theta)(d_1^2 + 2d_2^2)]/12(2 - \theta)^2(1 - \theta)$。

定理 6 - 4 表明，当制造商不获取信息时，市场的不确定性会影响制造商的定价策略以及制造商和零售商的利润。与数量竞争的情况不同，在零售商进行价格竞争时，零售商之间一定会信息共享。制造商的最大利润只能在情形 1、情形 2 和情形 3 中取得。情形 1 中，订货量全为内部解。在情形 2 和情形 3 中，订货量 q_{11}^A（FIS）受到限制取 0。此时制造商制订的批发价格高于内部均衡的情况，零售商的总订货量减小，但是总利润可能会增加。在情形 4、情形 5 和情形 6 中，由于制造商的批发价格过高，零售商订货量很小，导致制造商的利润降低。所以制造商的最大利润不会在情形 4、情形 5 和情形 6 中取得。

6.4.2 上游制造商获取下游信息

下面我们考虑制造商获取零售商信息的情形。由于泄露效应的存在，此时零售之间为完全信息共享。计算零售商的最优售价。在订货量未受到 0 的限制时，零售商 k 的最优售价为：$p_{ij}^k = (d_i + d_j + w_{ij})/(2 - \theta)$，$i, j \in \{1, 2\}$。将零售商最优销售价格代入需求函数 $q_{ij}^k = m - p_{ij}^k + \theta p_{ji}^{\hat{k}}$ 中，可得出最优订货量为：$q_{ij}^k = [d_i + d_j - w_{ij}(1 - \theta)]/(2 - \theta)$。

定理 6 - 5：当制造商获取信息时，可得到如下结论：

（1）零售商的最大利润为 $\pi_R^{FIA} = (3d_1^2 + 2d_1d_2 + 3d_2^2)/8(2 - \theta)^2$；

（2）制造商的最优定价为 $w_{11}^* = d_1/(1 - \theta)$，$w_{12}^* = w_{21}^* = (d_1 + d_2)/2(1 - \theta)$，$w_{22}^* = d_2/(1 - \theta)$，制造商的最大利润为：$\pi_M^{FIA} = 3d_1^2 + (2d_1d_2 + 3d_2^2)/8(2 - 3\theta + \theta^2)$；

（3）供应链的最大利润为：$\Pi^{FIA} = [(3 - 2\theta)(3d_1^2 + 2d_1d_2 + 3d_2^2)]/[8(2 - \theta)^2(1 - \theta)]$。

由定理 6 - 5 可知，在制造商不获取信息时制造商的最优定价和利润，以及零售商和供应链的最大利润。与制造商不获取信息时相比，制造商在获取信息后有四个不同的批发价格。这是因为，制造商获取到零售商信息后，根据零售商不同的市场需求状态制定不同的批发价格，从而获得更高的收益。

6.4.3 信息获取和信息不获取利润比较

比较在不同的信息获取策略下制造商、零售商和供应链的期望利润，得到以下定理。

定理 6-6：比较制造商获取信息和不获取信息时的利润，可得到如下结论：

（1）$\pi_R^{FIA} < \pi_R^{NIA}$；

（2）$\pi_M^{FIA} > \pi_M^{NIA}$；

（3）如果 $0.5 < \theta < 1$，则 $\Pi^{FIA} > \Pi^{NIA}$；则如果 $0 < \theta < 0.5$，当且仅当 $(1+\sqrt{3})d_1 < d_2 < (10\theta-17)d_1/(1-2\theta-\sqrt{6}\sqrt{3-8\theta+4\theta^2})$ 时，$\Pi^{FIA} > \Pi^{NIA}$。

定理 6-6 表明，制造商获取信息以后，零售商的利润会减少。因此，零售商不会主动把信息共享给制造商。但是，制造商获取信息后其利润会增加。在一定的条件下，制造商获取信息后，供应链的整体利润会增加。当供应链的整体利润增加时，说明制造商增加的利润大于零售商减少的利润。当产品替代率较大（$0.5 < \theta < 1$），或者当产品替代率较小（$0 < \theta < 0.5$）且市场的不确定性处于中间水平时［即 $(1+\sqrt{3})d_1 < d_2 < (10\theta-17)d_1/(1-2\theta-\sqrt{6}\sqrt{3-8\theta+4\theta^2})$］制造商获取零售商信息后供应链总利润增加，此时制造商可以用自己增加的利润的一部分来购买零售商的信息，以补偿零售商卖掉信息后的损失，零售商会选择签署信息购买协议，这样可以达成一个双赢的局面。

由以上定理还可以得出，供应链的利润变化与产品的替代率和市场的不确定性有关。当产品的替代率较高时（$0.5 < \theta < 1$），无论市场的不确定性是高还是低，制造商获取信息供应链的利润都会增加；当产品的替代率较低时（$0 < \theta < 0.5$），供应链的利润变化与市场的不确定性有关：如果市场不确定性处于中间水平时［即 $(1+\sqrt{3})d_1 < d_2 < (10\theta-17)d_1/(1-2\theta-\sqrt{6}\sqrt{3-8\theta+4\theta^2})$］，制造商获取信息后供应链的利润增加；如果市场不确

定性较高或者较低 [即 $d_2 < (1+\sqrt{3})d_1$ 或 $d_2 > (10\theta-17)d_1/(1-2\theta-\sqrt{6}$ $\sqrt{3-8\theta+4\theta^2})$] 时,制造商获取信息后供应链的利润减小。

6.4.4 数值分析

与数量竞争的数值分析计算步骤相同,下面计算价格竞争的情况。在以下算例中,假设 $d_1 = \mu - \sigma$, $d_2 = \mu + \sigma$, $\mu = 6$, $\theta = 0.2$, σ 从 0 到 5 进行变化。数值计算结果如图 6-7 至图 6-10 所示。

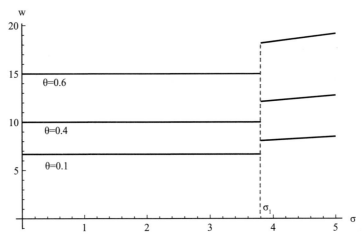

图 6-7 制造商不获取信息时的批发价格随市场不确定性的变化趋势

图 6-7 表明,当市场不确定性较小 [$\sigma < \sigma_1 = 6\sqrt{3}/(1+\sqrt{3})$,即 $d_2 <$ $(1+\sqrt{3})d_1$] 时,零售商的订货量为内部均衡解 $(w\theta + d_1 + d_2 - w)/(2-\theta)$ [将 w_1^* 代入,可得最优的订货量为 $d/(2-\theta)$] 并保持不变,制造商的最优定价也保持不变 [$w_1^* = \mu/(1-\theta)$]。当市场不确定性较大时 ($\sigma >$ σ_1),制造商的最优定价随着市场不确定性的增加而增加 [$w_2^* = (3\mu +$ $\sigma)/3(1-\theta)$]。当 $\sigma = \sigma_1$ 时,制造商的批发价格突然增大,此时订货量情形 1 变为情形 2,订货量由内部均衡变为边界均衡,$w_1^* - w_2^* = -\sigma/3(1-$ $\theta) = (d_1 - d_2)/(1-\theta) < 0$。所以,定价突然增大。此时零售商的订货量为 $(3w\theta + 2d_1 + 4d_2 - 3w)/4(2-\theta)$ [代入 w_2^* 为 $(3\mu + \sigma)/4(2-\theta)$]。情形 1

中零售商的订货量与情形 2 中零售商的订货量的差为 $\mu/(2-\theta)-(3\mu+\sigma)/4(2-\theta)=(\mu-\sigma)/4(2-\theta)>0$，说明当 $\sigma>\sigma_1$ 时零售商的订货量相对于 $\sigma<\sigma_1$ 时减小。情形 2 中，由于在边界均衡状态下，零售商的订货量 $q_{11}^k(FIS)$ 已经绑定到零，当制造商增加批发价格时，零售商的订货量无法继续减少。因此，制造商在 $\sigma=\sigma_1$ 时大幅提高批发价格。图 6-7 还可以表明，制造商没有获取零售商信息时的最优批发价格随着产品替代性的增加而增加。

图 6-8 表明，当制造商获取信息时，制造商的利润随着市场不确定性的增大而增大。当制造商不获取信息时，如果市场不确定性较小（$\sigma<\sigma_1$），零售商的订货量为内部均衡解并保持不变，制造商的利润也保持不变；如果市场不确定性较大（$\sigma>\sigma_1$），制造商的利润随着市场不确定性的增加而增加；制造商的利润在 $\sigma=\sigma_1$ 时突然增加，这是因为此时由情形 1 变为情形 2，零售商的订货量受到了 0 的限制，使实际订货量增加，也就是说零售商不得不订更多的产品 [情形 2 中 $q_{11}^k(FIS)<0$，取 $q_{11}^k(FIS)=0$]。对于制造商而言，此时批发价格增大，整体利润增加。从图 6-8 还可以发现，制造商获取信息后的利润总是大于不获取信息时的利润，并且制造商的利润随着产品替代性的增加而增加。

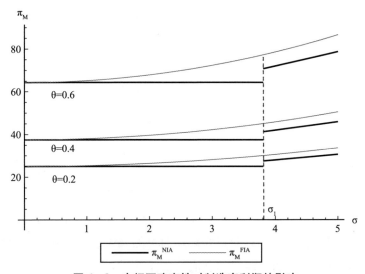

图 6-8　市场不确定性对制造商利润的影响

由图 6-9 可知，当制造商获取信息时，市场不确定性越高，零售商的利润越大。在制造商没有获取零售商需求信息的情况下，如果市场不确定性较小（$\sigma < \sigma_1$），零售商的订货量为内部解，零售商的利润随着市场不确定性的增加而增加；如果市场不确定性较大（$\sigma > \sigma_1$），市场不确定性的越高，零售商的利润越大。但是，在 $\sigma = \sigma_1$ 时零售商的利润突然降低，这是因为此时由情形 1 变为情形 2，零售商的订货量受到了 0 的限制，使实际订货量大于最优订货量，而且此时制造商的批发价格增加，所以零售商的利润突然减少。由图 6-9 可发现，制造商获取零售商信息后，零售商的利润减小。在制造商不给零售商补偿的情况下，零售商不会自愿将信息共享给制造商。图 6-9 表明，无论上游制造商是否获取零售商的信息，零售商的利润都会随着产品替代性的增加而增加。

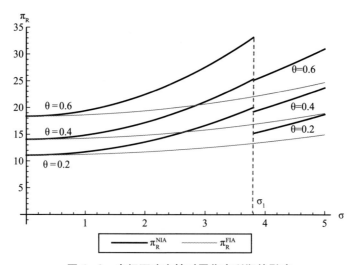

图 6-9 市场不确定性对零售商利润的影响

图 6-10 表明，当制造商获取信息时，供应链的利润随着市场不确定性的增大而增大。当制造商不获取信息时，如果市场不确定性较小（$\sigma < \sigma_1$），零售商的订货量为内部解，供应链的利润随着市场不确定性的增加而增加；但是，供应链的利润在 $\sigma > \sigma_1$ 时突然减少，此时制造商获取信息后增加的利润大于零售商减少的利润。由图 6-10 可知，当市场需求为中间水平时 $[\sigma_1 < \sigma < 4.177，即 (1+\sqrt{3})d_1 < d_2 < 5.581d_1]$，制造商获取信

息后供应链总利润增加。当市场需求较大或者较小时 $[\sigma < \sigma_1$ 或 $\sigma >$
4. 177，即 $d_2 > (1 + \sqrt{3})d_1$ 或 $d_2 < 5.581d_1]$，制造商获取零售商信息后供应
链总利润降低。此时，制造商增加的利润不足以用来购买零售商的信息，
信息不获取为占优策略。

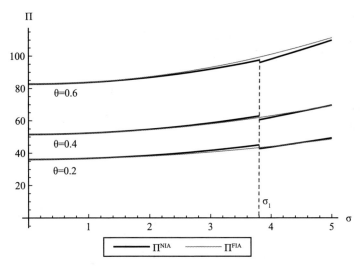

图 6 - 10 市场不确定性和产品替代性对供应链利润的影响

图 6 - 10 表明，供应链的利润变化与产品的替代性有关。当产品的替
代性较强时（如 $\theta = 0.6$），制造商获取信息后供应链的利润增加。当产品
的替代性较弱时（如 $\theta = 0.2$），如果市场不确定性处于中间水平时（$\sigma_1 <$
$\sigma < 4.177$），制造商获取信息后供应链的利润增加。此外，供应链的利润
总是随着产品替代性的增加而增加。

6.5 拓 展

前文的研究中在上游制造商获取零售商信息的情况下，零售商可以根
据制造商的决策推测出另一个零售商的需求信息，即存在泄露效应。但是
由于市场的复杂性，上游制造商获取信息以后不一定会泄露给下游零售
商，因此，本节考虑不存在泄露效应的情况下，上游制造商的信息获取和

下游零售商的信息共享策略。

6.5.1 数量竞争

当下游零售商 A 和 B 之间的信息共享策略为不共享信息时，计算可得零售商的最优订货量决策。

在不共享需求信息的情况下，零售商 k 的内部均衡解为：

$$q_{11}^k = q_{12}^k = 7d_1 + d_2 - 4w_{ij}/12\delta$$
$$q_{21}^k = q_{22}^k = (d_1 + 7d_2 - 4w)/12\delta$$

零售商的订货量不小于零，计算在信息不共享时零售商的订货量，如表 6-4 所示。

表 6-4　　　　　　　　　　　最优订货量

条件	$q_{11}^{NIS} = q_{12}^{NIS}$	$q_{21}^{NIS} = q_{22}^{NIS}$
$w_{ij} < (7d_1 + d_2)/4$	$(7d_1 + d_2 - 4w_{11})/12\delta$	$(d_1 + 7d_2 - 4w_{11})/12\delta$
$(7d_1 + d_2)/4 < w_{ij} < (d_1 + 3d_2)/2$	0	$(d_1 + 3d_2 - 2w_{11})/5\delta$
$(d_1 + 3d_2)/2 < w_{ij}$	0	0

由表 6-4 可知，当批发价格很小时，所有的订货量为内部均衡。当批发价格较大时，一些订货量绑定到零。当批发价格足够大时，所有的订货量都受到了零的限制，绑定在 0。表 6-4 显示了零售商在不同的批发价格下的订货量。

接下来，计算分析在不同的需求状态下制造商和零售商的最优决策。

引理 6-11：当两个零售商 A 和 B 的需求都为 d_1 时，在信息不共享的情形下最优的利润和批发价格如下：

（1）零售商 A 和 B 的利润为：$\pi_{Rk}^{NIS*} = (7d_1 + d_2)^2/576\delta$；

（2）制造商的最优批发价格为：$w_{11}^* = (7d_1 + d_2)/8$，最优的利润为：$\pi_M^{NIS*} = (7d_1 + d_2)^2/96\delta$；

（3）供应链的总利润为：$\Pi^{NIS*} = (7d_1 + d_2)^2/72\delta$。

引理 6-12：当零售商 A 的需求信息为 d_1，零售商 B 的需求信息为

d_2，在信息不共享的情形下最优的利润和批发价格如下：

$$\begin{cases} w_{12}^* = \dfrac{d_1 + d_2}{2}, \ \pi_M^{NIS} = \dfrac{(d_1+d_2)^2}{6\delta}, \ \pi_{RA}^{NIS} = \dfrac{(d_2-5d_1)^2}{144\delta}, \ \pi_{RB}^{NIS} = \dfrac{(d_1-5d_2)^2}{144\delta}, \\[3mm] \Pi^{NIS} = \dfrac{25d_1^2 + 14d_1d_2 + 25d_2^2}{72\delta}, \ \text{if } d_2 < 3.78d_1; \\[3mm] w_{12}^* = \dfrac{d_1+3d_2}{4}, \ \pi_M^{NIS} = \dfrac{(d_1+3d_2)^2}{40\delta}, \ \pi_{RA}^{NIS} = 0, \ \pi_{RB}^{NIS} = \dfrac{(d_1+3d_2)^2}{100\delta}, \\[3mm] \Pi^{NIS} = \dfrac{7(d_1+3d_2)^2}{200\delta}, \ \text{if } d_2 > 3.78d_1. \end{cases}$$

引理 6 – 13：当零售商 A 的需求信息为 d_2，零售商 B 的需求信息为 d_1，在信息不共享的情况下最优的利润和批发价格如下：

$$\begin{cases} w_{21}^* = \dfrac{d_1 + d_2}{2}, \ \pi_M^{NIS} = \dfrac{(d_1+d_2)^2}{6\delta}, \ \pi_{RB}^{NIS} = \dfrac{(d_2-5d_1)^2}{144\delta}, \ \pi_{RA}^{NIS} = \dfrac{(d_1-5d_2)^2}{144\delta}, \\[3mm] \Pi^{AN} = \dfrac{25d_1^2 + 14d_1d_2 + 25d_2^2}{72\delta}, \ \text{if } d_2 < 3.78d_1; \\[3mm] w_{21}^* = \dfrac{d_1+3d_2}{4}, \ \pi_M^{AN} = \dfrac{(d_1+3d_2)^2}{40\delta}, \ \pi_{RB}^{AN} = 0, \ \pi_{RA}^{AN} = \dfrac{(d_1+3d_2)^2}{100\delta}, \\[3mm] \Pi^{AN} = \dfrac{7(d_1+3d_2)^2}{200\delta}, \ \text{if } d_2 > 3.78d_1. \end{cases}$$

引理 6 – 14：当两个零售商 A 和 B 的需求都为 d_2 时，在信息不共享的情况下最优的利润和批发价格如下：

$$\begin{cases} w_{22}^* = \dfrac{d_1 + 7d_2}{8}, \ \pi_M^{NIS} = \dfrac{(d_1+7d_2)^2}{96\delta}, \ \pi_{RA}^{NIS} = \pi_{RB}^{NIS} = \dfrac{(d_1+7d_2)^2}{576\delta}, \\[3mm] \Pi^{AN} = \dfrac{(d_1+7d_2)^2}{72\delta}, \ \text{if } d_2 < 2.6d_1; \\[3mm] w_{22}^* = \dfrac{d_1+d_2}{4}, \ \pi_M^{AN} = \dfrac{(d_2-d_1)(7d_1+d_2)}{4\delta}, \ \pi_{RA}^{AN} = \pi_{RB}^{AN} = \dfrac{(d_1-d_2)^2}{4\delta}, \\[3mm] \pi_M^{AN} = \dfrac{(d_2-d_1)(5d_1+3d_2)^2}{4\delta}, \ \text{if } 2.6d_1 < d_2 < 3d_1; \\[3mm] w_{22}^* = \dfrac{d_1+3d_2}{4}, \ \pi_M^{AN} = \dfrac{(d_1+3d_2)^2}{20\delta}, \ \pi_{RA}^{AN} = \pi_{RB}^{AN} = \dfrac{(d_1+3d_2)^2}{100\delta}, \\[3mm] \Pi^{AN} = \dfrac{7(d_1+3d_2)^2}{100\delta}, \ \text{if } d_2 > 3d_1. \end{cases}$$

引理 6 – 11 至引理 6 – 14 表示在零售商不同的需求状态下最优的定价策略，以及制造商、零售商和供应链的最大利润。研究发现，在市场的需求比较大时，最优的利润和批发价格会受到市场的不确定性的影响。在市场需求较小时（两个零售商的需求均为 d_1），市场的不确定性不会影响制造商和零售商的决策。

引理 6 – 15： 在信息不共享的情况下，最优的利润和批发价格如下：

$$
\begin{cases}
\pi_M^{AN} = \dfrac{77d_1^2 - 26d_1d_2 + 77d_2^2}{1152\delta}, \quad \pi_{RA}^{AN} = \pi_{RB}^{AN} = \dfrac{41d_1^2 + 46d_1d_2 + 41d_2^2}{192\delta}, \\[3mm]
\Pi^{AN} = \dfrac{25d_1^2 + 14d_1d_2 + 25d_2^2}{72\delta}, \text{ if } d_2 < 2.6d_1; \\[3mm]
\pi_M^{AN} = \dfrac{99d_1^2 - 118d_1d_2 + 83d_2^2}{768\delta}, \quad \pi_{RA}^{AN} = \pi_{RB}^{AN} = \dfrac{74d_1d_2 + 19d_2^2 - 29d_1^2}{128\delta}, \\[3mm]
\Pi^{AN} = \dfrac{(3d_1 + 5d_2)(d_1 + 7d_2)}{96\delta}, \text{ if } 2.6d_1 < d_2 < 3d_1. \\[3mm]
\pi_M^{AN} = \dfrac{1323d_1^2 - 262d_1d_2 + 1307d_2^2}{19200\delta}, \quad \pi_{RA}^{AN} = \pi_{RB}^{AN} = \dfrac{143d_1^2 + 178d_1d_2 + 127d_2^2}{640\delta}, \\[3mm]
\Pi^{AN} = \dfrac{867d_1^2 + 602d_1d_2 + 803d_2^2}{2400\delta}, \text{ if } 3d_1 < d_2 < 3.78d_1. \\[3mm]
\pi_M^{AN} = \dfrac{1513d_1^2 + 2078d_1d_2 + 2617d_2^2}{57600\delta}, \quad \pi_{RA}^{AN} = \pi_{RB}^{AN} = \dfrac{293d_1^2 + 358d_1d_2 + 437d_2^2}{1920\delta}, \\[3mm]
\Pi^{AN} = \dfrac{887d_1^2 - 478d_1d_2 + 2293d_2^2}{7200\delta}, \text{ if } 3.78d_1 < d_2.
\end{cases}
$$

比较上游制造商获取信息时零售商在信息共享和信息不共享的利润，得出在不同情况下零售商的信息共享策略（如表 6 – 5 所示）。

当 $d_2 < 2.6d_1$ 时，$\pi_{R1}^{NIS} - \pi_R^{FIS} = 29(d_1 - d_2)^2 / 1152\delta > 0$。所以在内部均衡下，零售商不会共享信息。进一步计算发现，在不同的情况下，信息不共享始终是零售商的占优策略。

表 6 – 5　　　　　　　　　　　　每种情形下的信息共享策略

条件	π_R^{NIS}	π_R^{FIS}	π_M^{NIS}	π_M^{FIS}	$\pi_R^{FIS} - \pi_R^{NIS}$	信息共享策略
$d_2 < 2.6d_1$	π_{R1}^{NIS}	π_R^{FIS}	π_{M1}^{NIS}	π_M^{FIS}	<0	NIS
$2.6d_1 < d_2 < 3d_1$	π_{R2}^{NIS}	π_R^{FIS}	π_{M2}^{NIS}	π_M^{FIS}	<0	NIS
$3d_1 < d_2 < 3.78d_1$	π_{R3}^{NIS}	π_R^{FIS}	π_{M3}^{NIS}	π_M^{FIS}	<0	NIS
$3.78d_1 < d_2$	π_{R4}^{NIS}	π_R^{FIS}	π_{M4}^{NIS}	π_M^{FIS}	<0	NIS

注：$\pi_{R1}^{NIS} = \dfrac{41d_1^2 + 46d_1d_2 + 41d_2^2}{192\delta}$

$\pi_{R2}^{NIS} = \dfrac{-29d_1^2 + 74d_1d_2 + 19d_2^2}{128\delta}$

$\pi_{R3}^{NIS} = \dfrac{143d_1^2 + 178d_1d_2 + 127d_2^2}{640\delta}$

$\pi_{R4}^{NIS} = \dfrac{293d_1^2 + 358d_1d_2 + 437d_2^2}{1920\delta}$

$\pi_{M1}^{NIS} = \dfrac{77d_1^2 - 26d_1d_2 + 77d_2^2}{1152\delta}$

$\pi_{M2}^{NIS} = \dfrac{99d_1^2 - 118d_1d_2 + 83d_2^2}{768\delta}$

$\pi_{M3}^{NIS} = \dfrac{1323d_1^2 - 262d_1d_2 + 1307d_2^2}{19200\delta}$

$\pi_{M4}^{NIS} = \dfrac{1513d_1^+ 2078d_1d_2 + 2617d_2^2}{57600\delta}$

$\pi_R^{FIS} = \dfrac{3d_1^2 + 2d_1d_2 + 3d_2^2}{72\delta}$

$\pi_M^{FIS} = \dfrac{3d_1^2 + 2d_1d_2 + 3d_2^2}{128\delta}$

定理 6 – 7：比较信息获取和信息不获取情形下制造商、零售商和供应链的利润，得到三点结论。

（1）$\pi_M^{FIA} > \pi_M^{NIA}$。

（2）当 $3.78d_1 < d_2 < 14.34d_1$ 时，$\pi_R^{FIA} > \pi_R^{NIA}$；当 $d_2 < 3.78d_1$ 或者 $d_2 > (9 + 2\sqrt{26})d_1$ 时，$\pi_R^{FIA} < \pi_R^{NIA}$。

（3）当 $d_2 < 2.6d_1$ 时，$\Pi^{FIA} = \Pi^{NIA}$；当 $2.6d_1 < d_2 < 19.28d_1$ 时，$\Pi^{FIA} > \Pi^{NIA}$；当 $d_2 > 19.28d_1$ 时，$\Pi^{FIA} < \Pi^{NIA}$。

以上定理表明，上游制造商获取下游信息以后利润增加。当市场不确定性处于中间水平时，获取信息供应链的总利润增加。这两点与定理 6 – 3 的内容一致。有趣的是，研究发现当市场的不确定性处于中间水平时，上游获取下游的信息以后，下游的利润反而增加。这一点与定理 6 – 3

的内容不同。

6.5.2 价格竞争

与之类似，计算不考虑泄露效应的情况下，零售商在进行价格竞争时的最大利润和最优决策。

引理 6 – 16：当零售商 A 和 B 的需求信息都为 d_1，在信息不共享的情形下最大利润和最优的批发价格为：

（1）零售商 k 的利润为：$\pi_{Rk}^{NIS*} = [(\theta-6)d_1 - (\theta+2)d_2]^2/64(\theta-2)^2$；

（2）制造商的最优批发价格为：$w_{11}^* = [(\theta-6)d_1 - (\theta+2)d_2]/8(\theta-2)$，最大利润为：$\pi_M^{AN*} = [(\theta-6)d_1 - (\theta+2)d_2]^2/32(\theta-2)(\theta-1)$；

（3）供应链的最大利润为：$\Pi^{AN*} = (2\theta-3)[(\theta-6)d_1 - (\theta+2)d_2]^2/32(\theta-2)^2(\theta-1)$；

引理 6 – 17：当零售商 A 的需求信息为 d_1、零售商 B 的需求信息为 d_2 时，在信息不共享的情况下最优的利润和批发价格如下：

（1）当 $\theta > 1/3$ 时：

零售商 A 的最大利润为：$\pi_{RA}^{NIS} = [(\theta-4)d_1 - \theta d_2]^2/16(\theta-2)^2$，零售商 B 的最优利润为：$\pi_{RB}^{NIS} = [\theta d_1 - (\theta-4)d_2]^2/16(\theta-2)^2$；

制造商的最优批发价格为：$w_{12}^* = (d_1+d_2)/2(1-\theta)$，最大利润为：$\pi_M^{NIS} = (d_1+d_2)^2/[2(1-\theta)(2-\theta)]$；

供应链的最大利润为：

$$\Pi^{AN} = \frac{\{[\theta(\theta-5)+16]\theta-16\}(d_1^2+d_2^2) - 2[8+(\theta-5)\theta^2]d_1d_2}{2(\theta-1)(2-\theta)^2};$$

（2）当 $\theta < 1/3$ 时：

$$
\begin{cases}
w_{12}^* = \dfrac{(d_1+d_2)}{2(1-\theta)}, \ \pi_M^{AN} = \dfrac{(d_1+d_2)^2}{6\delta[2(1-\theta)(2-\theta)]}, \ \pi_{RA}^{AN} = \dfrac{[(\theta-4)d_1-\theta d_2]^2}{16(\theta-2)^2}, \\[3mm]
\pi_{RB}^{AN} = \dfrac{[\theta d_1-(\theta-4)d_2]^2}{16(\theta-2)^2}, \ \Pi^{AN} = \Pi_1, \text{ if } d_2 < L_1 d_1; \\[3mm]
w_{12}^* = \dfrac{(\theta-3)d_2-(\theta+1)d_1}{4(\theta-1)}, \ \pi_M^{AN} = \dfrac{(d_1+3d_2)[(1+\theta)d_1-(\theta-3)d_2]}{6\delta[16(1-\theta)(2-\theta)]}, \\[3mm]
\pi_{RA}^{AN} = 0, \ \pi_{RB}^{AN} = \dfrac{[(1+\theta)d_1-(\theta-3)d_2]^2}{4(4-3\theta)^2}, \ \Pi^{AN} = \Pi_2, \text{ if } d_2 > L_1 d_1.
\end{cases}
$$

$$\Pi_1 = \frac{\{[\theta(\theta-5)+16]\theta-16\}(d_1^2+d_2^2)-2[8+(\theta-5)\theta^2]d_1d_2}{2(\theta-1)(2-\theta)^2}$$

$$\Pi_2 = \frac{(1+\theta)d_1-(\theta-3)d_2}{16}\left\{\frac{d_1+3d_2}{2-3\theta+\theta^2}+\frac{4[(1+\theta)d_1-(\theta-3)d_2]}{(4-3\theta)^2}\right\}$$

$$L_1 = \frac{(\theta-5-2\sqrt{8-8\theta+\theta^2})}{2(3\theta-1)}$$

引理 6-18： 当零售商 A 的需求信息为 d_2、零售商 B 的需求信息为 d_1 时，在信息不共享的情况下最优的利润和批发价格如下：

（1）当 $\theta > 1/3$ 时：

零售商 A 的最大利润为：$\pi_{RA}^{NIS}=[\theta d_1-(\theta-4)d_2]^2/16(\theta-2)^2$，零售商 B 的最大利润为 $\pi_{RB}^{AN}=[(\theta-4)d_1-\theta d_2]^2/16(\theta-2)^2$；

制造商的最高批发价格为：$w_{21}^*=(d_1+d_2)/2(1-\theta)$，最大利润为 $\pi_M^{AN}=(d_1+d_2)^2/[2(1-\theta)(2-\theta)]$；

供应链的最大利润为：

$$\Pi^{AN} = \frac{\{[\theta(\theta-5)+16]\theta-16\}(d_1^2+d_2^2)-2[8+(\theta-5)\theta^2]d_1d_2}{2(\theta-1)(2-\theta)^2};$$

（2）当 $\theta < 1/3$ 时：

$$\begin{cases} w_{21}^*=\dfrac{d_1+d_2}{2(1-\theta)},\ \pi_M^{AN}=\dfrac{(d_1+d_2)^2}{6\delta[2(1-\theta)(2-\theta)]},\ \pi_{RB}^{AN}=\dfrac{[(\theta-4)d_1-\theta d_2]^2}{16(\theta-2)^2}, \\[3mm] \pi_{RA}^{AN}=\dfrac{[\theta d_1-(\theta-4)d_2]^2}{16(\theta-2)^2},\ \Pi^{AN}=\Pi_1,\ \text{if } d_2<L_1d_1\,; \\[3mm] w_{21}^*=\dfrac{(\theta-3)d_2-(\theta+1)d_1}{4(\theta-1)},\ \pi_M^{AN}=\dfrac{(d_1+3d_2)[(1+\theta)d_1-(\theta-3)d_2]}{6\delta[16(1-\theta)(2-\theta)]}, \\[3mm] \pi_{RB}^{AN}=0,\ \pi_{RA}^{AN}=\dfrac{[(1+\theta)d_1-(\theta-3)d_2]^2}{4(4-3\theta)^2},\ \Pi^{AN}=\Pi_2,\ \text{if } d_2>L_1d_1. \end{cases}$$

引理 6-19： 当零售商 A 和 B 的需求信息为 d_2，在信息不共享的情况下最大利润和最优的批发价格为：

（1）当 $\theta > 2/3$ 时：

零售商 k 的最大利润为：$\pi_{Rk}^{NIS}=[(\theta+2)d_1-(\theta-6)d_2]^2/64(\theta-2)^2$；

制造商的最优批发价格为：$w_{22}^*=[(2+\theta)d_1+(6-\theta)d_2]/8(1-\theta)$，

最大利润为：$\pi_M^{AN}=[(2+\theta)d_1+(6-\theta)d_2]^2/[32(1-\theta)(2-\theta)]$；

供应链的最大利润为：$\Pi^{AN} = [(2\theta-3)(2+\theta)d_1 + (6-\theta)d_2]^2 / [2(\theta-1)(2-\theta)^2]$；

（2）当 $1/2 < \theta < 2/3$ 时：

$$
\begin{cases}
w_{22}^* = \dfrac{(2+\theta)d_1 + (6-\theta)d_2}{8(1-\theta)}, \ \pi_M^{AN} = \dfrac{[(2+\theta)d_1 + (6-\theta)d_2]^2}{32(1-\theta)(2-\theta)}, \\[2ex]
\pi_{RA}^{AN} = \pi_{RB}^{AN} \dfrac{[(\theta+2)d_1 - (\theta-6)d_2]^2}{64(\theta-2)^2}, \ \Pi^{AN} = \Pi_3, \ \text{if } d_2 < L_2 d_1; \\[2ex]
w_{22}^* = \dfrac{(\theta-6)d_1 - (\theta+2)d_2}{4(\theta-1)}, \ \pi_M^{AN} = \dfrac{(d_2-d_1)(\theta-6)d_1 - (\theta+2)d_2}{4(\theta-1)}, \\[2ex]
\pi_{RA}^{AN} = \pi_{RB}^{AN} = \dfrac{(d_1-d_2)^2}{4}, \ \Pi^{AN} = \Pi_4, \ \text{if } L_2 d_1 < d_2 < L_3 d_1.
\end{cases}
$$

（3）当 $\theta < 1/2$ 时：

$$
\begin{cases}
w_{22}^* = \dfrac{(2+\theta)d_1 + (6-\theta)d_2}{8(1-\theta)}, \ \pi_M^{AN} = \pi_{RB}^{AN} = \dfrac{[(2+\theta)d_1 + (6-\theta)d_2]^2}{32(1-\theta)(2-\theta)}, \\[2ex]
\pi_{RA}^{AN} = \pi_{RB}^{AN} = \dfrac{[(\theta+2)d_1 - (\theta-6)d_2]^2}{64(\theta-2)^2}, \ \Pi^{AN} = \Pi_3, \ \text{if } d_2 < L_2 d_1; \\[2ex]
w_{22}^* = \dfrac{(\theta-6)d_1 - (\theta+2)d_2}{4(\theta-1)}, \ \pi_M^{AN} = \dfrac{(d_2-d_1)(\theta-6)d_1 - (\theta+2)d_2}{4(\theta-1)}, \\[2ex]
\pi_{RA}^{AN} = \pi_{RB}^{AN} = \dfrac{(d_1-d_2)^2}{4}, \ \Pi^{AN} = \Pi_4, \ \text{if } L_2 d_1 < d_2 < L_3 d_1. \\[2ex]
w_{22}^* = \dfrac{(\theta-3)d_2 - (\theta+1)d_1}{4(\theta-1)}, \ \pi_M^{AN} = \dfrac{(d_1+3d_2)[(1+\theta)d_1 - (\theta-3)d_2]^2}{4(1-\theta)(4-3\theta)}, \\[2ex]
\pi_{RB}^{AN} = \pi_{RA}^{AN} = \dfrac{[(1+\theta)d_1 - (\theta-3)d_2]^2}{4(4-3\theta)^2}, \ \Pi^{AN} = \Pi_5, \ \text{if } d_2 > L_3 d_1.
\end{cases}
$$

$$\Pi_3 = \frac{(2\theta-3)[(2+\theta)d_1 + (6-\theta)d_2]^2}{32(\theta-1)(2-\theta)^2}$$

$$\Pi_4 = \frac{(d_2-d_1)[(14+\theta)d_1 + (3-\theta)d_2]^2}{4(1-\theta)}$$

$$\Pi_5 = \frac{(5\theta-6)[(1+\theta)d_1 + (4-\theta)d_2]^2}{4(\theta-1)(4-3\theta)^2}$$

$$L_2 = (10-3\theta)d_1 / (2-3\theta)$$

$$L_3 = (5-2\theta)d_1 / (1-2\theta)$$

根据以上引理，可计算出不同条件下零售商、制造商和供应链的期望利润（见表 6 - 6）。

表 6 - 6 不同情形下的利润

条件	π_R^{AN}	π_M^{AN}	Π^{AN}
$2/3 < \theta$	π_{R1}^{AN}	π_{M1}^{AN}	Π_1^{AN}
$1/2 < \theta < 2/3$ & $d_2 < L_2 d_1$	π_{R21}^{NIS}	π_{M21}^{NIS}	Π_{21}^{NIS}
$1/2 < \theta < 2/3$ & $d_2 > L_2 d_1$	π_{R22}^{AN}	π_{M22}^{AN}	Π_{22}^{AN}
$1/3 < \theta < 1/2$ & $d_2 < L_2 d_1$	π_{R31}^{AN}	π_{M31}^{AN}	Π_{31}^{AN}
$1/3 < \theta < 1/2$ & $L_2 d_1 < d_2 < L_3 d_1$	π_{R32}^{AN}	π_{M32}^{AN}	Π_{32}^{AN}
$1/3 < \theta < 1/2$ & $d_2 > L_3 d_1$	π_{R33}^{AN}	π_{M33}^{AN}	Π_{33}^{AN}
$\theta < 1/3$ & $d_2 < L_2 d_1$	π_{R41}^{AN}	π_{M41}^{AN}	Π_{41}^{AN}
$\theta < 1/3$ & $L_2 d_1 < d_2 < L_3 d_1$	π_{R42}^{AN}	π_{M42}^{AN}	Π_{42}^{AN}
$\theta < 1/3$ & $L_3 d_1 < d_2 < L_1 d_1$	π_{R43}^{AN}	π_{M43}^{AN}	Π_{43}^{AN}
$\theta < 1/3$ & $d_2 > L_1 d_1$	π_{R44}^{AN}	π_{M44}^{AN}	Π_{44}^{AN}

比较信息获取的情形下零售商在信息共享和信息不共享时的利润，得到零售商的信息共享策略。

定理 6 - 8：当制造商获取零售商信息时，零售商的信息共享策略如下：

（1）当 $0.338 < \theta < 1$ 时，$\pi_{Rk}^{NIS} < \pi_{Rk}^{FIS}$；

（2）当 $0.28 < \theta < 0.338$ 时，当且仅当 $L_4 d_1 < d_2 < L_5 d_1$ 时，$\pi_{Rk}^{NIS} > \pi_{Rk}^{FIS}$，否则，$\pi_{Rk}^{NIS} < \pi_{Rk}^{FIS}$；

（3）当 $0.21 < \theta < 0.28$ 时，当且仅当 $L_4 d_1 < d_2 < L_6 d_1$ 时，$\pi_{Rk}^{NIS} > \pi_{Rk}^{FIS}$，否则，$\pi_{Rk}^{NIS} < \pi_{Rk}^{FIS}$；

（4）当 $0 < \theta < 0.21$ 时，当且仅当 $d_2 < L_6 d_1$ 时，$\pi_{Rk}^{NIS} > \pi_{Rk}^{FIS}$，否则，$\pi_{Rk}^{NIS} < \pi_{Rk}^{FIS}$。

以上各情形中，$L_4 = \left[84 - 100\delta + 25\delta^2 + 8 \sqrt{2(36 - 52\delta + 13\delta^2)} \right] d_1 / (36 - 92\delta + 25\delta^2)$，$L_5 = \left(128 - 992\delta + 1332\delta^2 - 636\delta^3 + 97\delta^4 - 8\sqrt{2(-512\delta + 3776\delta^2 - 7168\delta^3 + 5676\delta^4 - 1980\delta^5 + 243\delta^6)} \right) d_1 / (128 - 736\delta + 1156\delta^2 - 628\delta^3 + 97\delta^4)$，$L_6 = (\delta - 5 - 2\sqrt{8 - 8\delta + 8\delta^2}) d_1 / (3\delta - 1)$。

定理6-8表明，产品的替代性和市场的不确定性会影响零售商的信息共享策略。当产品的替代性比较大时，在上游获取信息后，零售商之间总是会选择共享信息；当产品替代性比较小时，只有在市场不确定性处于中间水平时，零售商才会共享信息；当产品替代性非常小时，在市场的不确定性比较小时，零售商选择共享信息，其他情形下不共享信息。由之前的分析可知，在制造商不获取信息的情形下，下游零售商在价格竞争下一定会共享信息。而在信息获取的情形下，零售商可能共享信息也可能不共享信息。制造商的信息获取策略会影响零售商的信息共享策略。

定理6-9：比较信息获取和信息不获取情形下制造商、零售商和供应链的利润，得到如下结论。

（1）零售商在信息获取的利润始终小于信息不获取时的利润：$\pi_R^{FIA} < \pi_R^{NIA}$。

（2）制造商在信息获取和信息不获取时的利润大小总结如下：

当 $0.338 < \theta < 1$ 时，$\pi_{Mk}^{FIA} > \pi_{Mk}^{NIA}$；

当 $0.28 < \theta < 0.338$ 时，当且仅当 $L_4 d_1 < d_2 < L_5 d_1$ 时，$\pi_{Mk}^{FIA} > \pi_{Mk}^{NIA}$，否则，$\pi_{Mk}^{FIA} < \pi_{Mk}^{NIA}$；

当 $0.21 < \theta < 0.28$ 时，当且仅当 $L_4 d_1 < d_2 < L_6 d_1$ 时，$\pi_{Mk}^{FIA} > \pi_{Mk}^{NIA}$，否则，$\pi_{Mk}^{FIA} < \pi_{Mk}^{NIA}$；

当 $0 < \theta < 0.21$ 时，当且仅当 $L_7 d_1 < d_2 < L_6 d_1$ 时，$\pi_{Mk}^{FIA} > \pi_{Mk}^{NIA}$，否则，$\pi_{Mk}^{FIA} < \pi_{Mk}^{NIA}$；

（3）供应链在信息获取和信息不获取时的利润大小总结如下：

当 $0.5 < \theta < 1$ 时，$\Pi^{FIA} > \Pi^{NIA}$；

当 $0.21 < \theta < 0.5$ 时，当且仅当 $L_8 d_1 < d_2 < L_9 d_1$ 时，$\Pi^{FIA} > \Pi^{NIA}$，否则，$\Pi^{FIA} < \Pi^{NIA}$；

当 $0 < \theta < 0.21$ 时，当且仅当 $L_8 d_1 < d_2 < L_7 d_1$ 时，$\Pi^{FIA} > \Pi^{NIA}$，否则，$\Pi^{FIA} < \Pi^{NIA}$；

$$L_7 = [3\delta^2 - 12\delta - 20 - 4\sqrt{6(20 + 12\delta - 3\delta^2)}]d_1/(3\delta^2 - 12\delta - 20)$$

$$L_8 = (1 + \sqrt{3})d_1$$

$$L_9 = [2\delta - 1 - 4\sqrt{6(3 - 8\delta + 4\delta^2)}]d_1/(2\delta - 1)$$

定理6-9表明，在价格竞争下，当制造商获取零售商信息后，零售商的利润总是减小的。制造商的获取信息后的利润变化与产品的替代性和市场的不确定性有关。当产品的替代性较高时（$0.338 < \theta < 1$），获取零售商信息后制造商和供应链的利润增加。当产品替代性较小时（$\theta < 0.338$），在产品的替代性处于中间水平时，获取信息会使制造商和供应链的利润增加。

与之前的数值分析计算步骤相同，下面计算没有考虑泄露效应的价格竞争的情况。在以下算例中，假设 $d_1 = \mu - \sigma$，$d_2 = \mu + \sigma$，$\mu = 6$，$\theta = 0.2$，σ 从 0 到 5 进行变化。数值计算结果如图 6 – 11 所示。

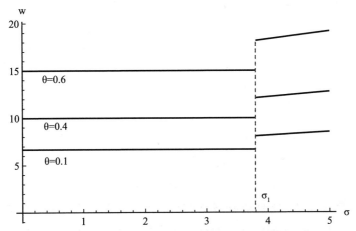

图 6 – 11　制造商不获取信息时的批发价格随市场不确定性的变化趋势

图 6 – 11 表明，批发价格随着产品的替代性的增加而增加。当市场的不确定性比较小时，所有的解都是内部均衡，批发价格是一个定值；当市场的不确定性比较大时，一些订货量受到限制，绑定在 0 上，批发价格突然增加，且随着市场不确定性的增加而增加。

图 6 – 12 表明，产品的替代性越大，制造商的利润越大。当产品的替代性较大时（$0.338 < \theta < 1$），制造商获取零售商信息后，利润增加。当产品的替代性比较小时（$\theta < 0.338$），制造商获取零售商信息后，只有在市场的不确定性处于中间水平时，制造商的利润增加。由图 6 – 12 可知，当市场的不确定较小时，制造商在获取零售商信息后，市场的不确定性越高，制造商的利润越大。在制造商没有获取零售商需求信息的情况下，订货量为内部均衡，制造商的利润是一个定值；当市场的不确定性较大时，制造商的利润随着市场的不确定性的增长而增长。

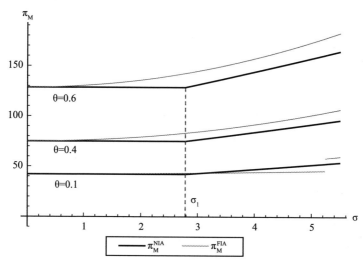

图 6 - 12　市场不确定性对制造商利润的影响

　　图 6 - 13 表明，零售商的利润随着产品的替代性的增长而增长。当市场的不确定性较小时，市场的不确定性越高，零售商的利润越大。当市场的不确定性较大时，如果制造商没有获取零售商需求信息，一些订货量受到限制，绑定在 0，此时制造商突然增加批发价格，因此零售商的利润突然减少。当市场的不确定性较大时，如果制造商不获取信息，零售商的利润随着市场的不确定性的增加而增加。

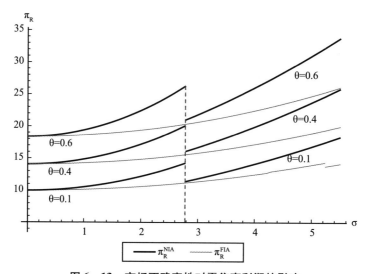

图 6 - 13　市场不确定性对零售商利润的影响

　　图 6 - 14 表明，供应链的利润随着产品的替代性的增加而增加。当产品的替代性较大时（如 $\theta = 0.6$），制造商获取零售商信息后，供应链的总利润总是增加的。如果产品的替代性较小（如 $\theta = 0.4$），当且仅当市场的不确定性处于中间水平时，供应链利润在制造商获取零售商信息后增加。制造商获取零售商信息后，供应链利润随着市场的不确定性的增加而增加。

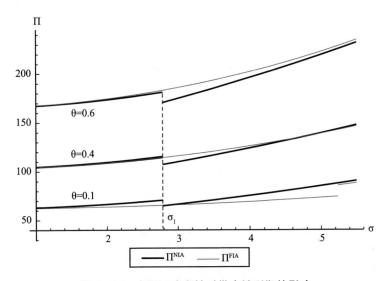

图 6 - 14　市场不确定性对供应链利润的影响

6.5.3　供应链利润比较

　　在以上的研究中，首先根据零售商不同信息共享策略下的利润大小确定是否共享信息，再根据供应链的利润大小确定制造商的信息获取策略。

　　以数量竞争为例，在以下算例中，假设 $d_1 = \mu - \sigma$，$d_2 = \mu + \sigma$，$\mu = 11$，σ 从 0 到 10 进行变化，可得到图 6 - 15。

　　如图 6 - 15 所示，随着市场需求的不确定性的变化，供应链的最大利润可能在信息获取和信息不获取时取得。在不获取信息的情况下，零售商在信息不共享时的利润最大；在信息获取的情况下，当市场的不确定性较小时，信息不共享时的利润比较大。当市场的不确定性较大时，信息共享的情况下利润更大。对于供应链整体而言，当市场的不确定性较小时，信息获取和不获取时供应链的利润相等；当市场的不确定性处于中间水平时，信息获取后供应链的利润增加；在市场的不确定性较小时，在不获取信息供应链的利润更大。

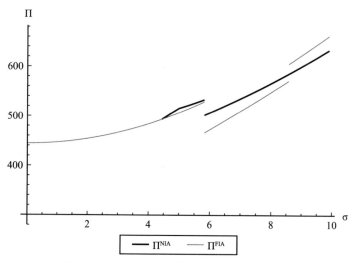

图 6 – 15　市场不确定性对供应链利润的影响

与本书 6.3 节的内容相比，在考虑泄露效应的情况下，当市场的不确定较小时，供应链的利润在制造商获取信息后减小。然而，在没有考虑信息泄露的情况下，在市场不确定性较小时，信息获取和不获取对供应链的利润没有影响。这是因为在有信息泄露的情况下，零售商之间相当于完全信息共享，但是，完全信息共享会损害零售商的利润。只要上游获取到零售商信息后，就无法避免损害零售商的利润。所以，在这种情况下，如果从供应链的总体出发，制造商获取零售商信息后，做好信息的保密工作，改变定价机制，防止信息的泄露，可增加供应链整体效益。

图 6 – 16 表明不同的信息共享和信息获取的策略组合下供应链的利润。如果零售商的信息共享策略和制造商的信息获取策略不是基于自身的利润，而是从供应链的整体利润出发进行决策，四种决策组合都有可能成为最优策略。在市场的不确定性非常小时，所有的最优解都处于内部均衡，此时在四种不同的信息获取和信息共享策略组合下，供应链的总利润是相

同的。随着市场不确定性的增加，无论上游是否获取信息，供应链在下游零售商不共享时的利润均大于共享信息时的利润。当市场的不确定性继续增加时，上游制造商获取信息且下游零售商不信息共享时供应链的占优策略。当市场的不确定性较大时，供应链的利润在制造商获取信息并且零售商之间共享信息的情况下达到最大。最终，制造商获取或者不获取且零售商共享信息时供应链的利润相等，并且成为供应链的最大利润。

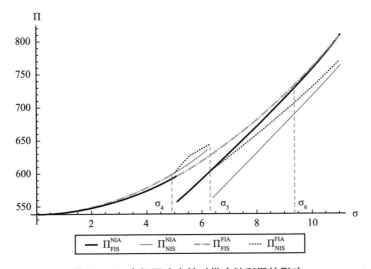

图 6 – 16　市场不确定性对供应链利润的影响

与图 6 – 15 对比可知，当市场的不确定性较小或者较大时，供应链的最大利润在供应链集中决策和供应链各个成员分别决策时相等。当市场的不确定性处于中间水平时，制造商获取信息且零售商信息共享是全局的最优策略。在图 6 – 15 中，不会有这种情况出现。在制造商获取零售商需求信息的情况下，制造商增加的利润远大于零售商减少的利润。因此，如果能够协调供应链上下游企业做出决策，有利于供应链的整体效益。

6.6　本 章 小 结

本章构建了一个二级供应链模型：上游一家制造商和下游两家相互竞

争的零售商。上游制造商为下游两家零售商提供等价的可替代性产品，下游零售商进行价格竞争。本章研究了零售商的均衡订货决策、制造商信息获取策略和零售商之间的信息共享策略，以及市场不确定性和产品替代性对信息获取策略和供应链利润的影响，同时考虑了订货量不能小于零的限制，研究了边界均衡对供应链利润变化的影响。

（1）与前面的三个模型结论类似，本章研究表明边界均衡影响零售商的横向信息共享策略。考虑泄露效应的存在，在数量竞争的情况下，如果上游不获取信息且订货量均为内部解，零售商始终不共享信息，但在边界均衡下，零售商可能会共享信息。在价格竞争的情况下，零售商之间完全信息共享始终为占优策略。

（2）上游制造商是否能够获取下游需求信息受到市场的不确定性和产品的替代性的影响。考虑存在泄露效应，在数量竞争和价格竞争下，信息获取有利于上游制造商的利润，但是会损害下游零售商的利润。制造商能否获取零售商信息取决于产品的替代性和市场的不确定性。在数量竞争下，当且仅当市场的不确信不大也不小时，制造商可以成功获取到零售商信息。在价格竞争下，信息获取策略还与产品的替代性有关。当产品替代性较高时，信息获取会增加供应链的利润，制造商有能力购买零售商需求信息；当产品替代率较低时，如果市场的不确定性处于中间水平时，制造商获取信息后供应链利润增加，即信息获取为占优策略。

（3）研究发现，边界均衡会使上游的信息获取策略反向。在内部均衡的状态下，上游制造商无法获取下游零售商信息；但是在边界均衡状态下，信息获取可能成为制造商的占优策略。

（4）数值分析表明，当上游制造商获取信息时，供应链以及供应链中各个成员的利润都随着市场的不确定性的增加而增加。供应链的利润随产品替代率的增加而增加。

（5）因为上游企业采取措施防止信息泄露和市场的复杂性等原因，下游企业之间不存在泄露效应。有趣的是，与考虑泄露效应的情况对比发现，在数量竞争情况下，当市场的不确定性处于中间水平时，上游获取下游的信息以后，下游的利润反而增加。在价格竞争情况下，制造商在获取信息后的利润变化与产品的替代性和市场的不确定性有关。当产品的替代性较高时，获取零售商信息后制造商和供应链的利润增加。当产品替代性较小时，在产品的替代性处于中间水平时，获取信息会使制造商和供应链的利润增加。

这些结果对供应链中相互竞争的企业的信息共享策略有着指导作用，同时对上游企业如何通过定价影响下游企业的数量策略，以及上游企业是否能够购买到下游企业需求信息、从而实现自身利润最大化具有一定的参考价值。

第 7 章　结论与展望

7.1　本书结论

经济全球化使当代企业面临比以往更加激烈的竞争，因而供应链中信息共享的重要性日渐突出。随着互联网和电子商务的飞速发展，办公电子化和信息标准化为信息交换提供了有利条件，供应链中各企业间的信息交换日益增多。本书研究了供应链中竞争企业之间的横向信息共享和上下游企业之间的纵向信息获取。

本书构建了4个二级供应链模型。在模型一中，研究了受到对称的产能限制的竞争企业间的横向信息共享策略。供应链中上游一个供应商，下游两个相互竞争的制造商，制造商进行 Cournot 竞争，受到对称的产能限制。模型二将模型一的研究问题一般化，考虑受到非对称的产能限制的竞争企业间的横向信息共享。下游制造商同样进行数量竞争，与模型一的区别为制造商受到非对称的产能限制：其中一个制造商受到产能限制，另一家制造商没有产能限制。在模型一和模型二中，下游制造商受到的产能限制是一个定值。模型三研究团购的制造商之间的横向信息共享，制造商的销售数量受到团购数量的限制，是一个双重博弈的过程。供应链中下游两家制造商向上游团购原材料，生产产品在终端市场上进行数量竞争。在模型三中，上游供应商制定的批发价格随着团购数量的增加而减少，而在模型一和模型二中，供应商制定的批发价格为定值，与订货量无关。模型一、模型二和模型三均研究进行数量竞争的企业之间的横向信息共享策略。现实生活中，除了竞争企业之间的横向信息共享，还有上下游企业之间的纵向信息传递。除了企业间的数量竞争，还存在价格竞争。所以，模型四丰富了前述的三个供应链模型，考虑更复杂更一般的情况。模型四研究进行数量竞争或者价格竞争的企业之间的横向信息共享策略，同时还考虑上游企业的纵向信息获取策略。在供应链中，上游一家制造商，下游两家零售商，零售商进行 Cournot 或者 Bertrand 竞争，上下游企业之间进行 Stackelberg 博弈，制造商为领导者，零售商为跟随者。在前两个供应链模型中，上游供应商根据制造商的需求信息确定批发价格，然后下游制造商决定是否将自己的需求信息相互共享，最后制造商制定最优的生产数量。在第三个模型中，制造商首先确定最优的团购数量，然后再制定信息共享策略，最后制定最优的销售数量。在第四个模型中，上游制造商首先确定是否获取下游的需求信息，再制定最优的批发价格，然后确定最优的信息共享策略，最后确定最优的销售数量或销售价格。在分析过程中，考虑在不同的模型中竞争企业之间的信息共享策略，研究产能限制，团购数量，上游的信息获取策略，市场的不确定性等因素对横向信息共享策略的影响，并应用 MATLAB 和 Mathematica 进行数值分析，进一步验证了结果的准确性。

本书研究得出如下结论。

（1）下游制造商的产能限制会影响其信息共享策略和最优订货量决策，制造商是否信息共享取决于产能限制水平。在没有产能限制的情况下，所有的订货量为内部均衡，信息不共享始终是制造商的占优策略。在制造商受到对称的产能限制的情况下，订货量处于边界均衡，信息共享和信息不共享都有可能成为制造商的占优策略。因此，产能限制会使制造商之间的信息共享策略反向。与受到对称的产能限制不同，当制造商受到不同的产能限制时，制造商的最优信息共享策略也可能出现不对称的情况，即一个制造商共享信息，另一个制造商不共享信息。

（2）团购数量会影响团购的制造商之间的信息交换策略。当团购数量较大时，销售数量为内部均衡状态，此时制造商不会交换信息；当团购数量较小时，一些销售数量受到团购数量的限制处于边界均衡，信息交换可能成为制造商的占优策略；当团购数量足够小时，所有的销售数量绑定到团购数量，制造商信息交换和信息不交换无影响。

（3）边界均衡会使上游的信息获取策略反向。考虑存在泄露效应，信息获取有利于上游制造商的利润，但是会损害下游零售商的利润。在内部均衡的状态下，上游制造商无法获取下游零售商信息。但是在边界均衡状态下，信息获取可能成为制造商的占优策略。

（4）制造商是否能获取零售商信息取决于产品的替代性和市场的不确定性。当产品替代性较高时，信息获取会增加供应链的利润，制造商有能力购买零售商需求信息；当产品替代率较低时，如果市场的不确定性处于中间水平时，制造商获取信息后供应链利润增加，即信息获取为占优策略。因为上游企业采取措施防止信息泄露和市场的复杂性等原因，上下游企业之间不存在泄露效应。有趣的是，与考虑泄露效应的情况对比发现，在数量竞争情况下，当市场的不确定性处于中间水平时，上游获取下游的信息以后，下游的利润反而增加。在价格竞争情况下，制造商获取信息后的利润变化与产品的替代性和市场的不确定性有关。当产品的替代性较高时，获取零售商信息后制造商和供应链的利润增加。当产品替代性较小时，在产品的替代性处于中间水平时，获取信息会使制造商和供应链的利润提高。

（5）供应链以及供应链中各个成员的利润会受到产能、团购数量、市场的不确定性等因素的影响。在对称的产能限制下，上游供应商的利润随着下游制造商产能的增加而增加。然而，制造商的利润随着产能限制的增加而波动，总体呈上升趋势。在非对称的产能限制下，供应商和制造商 A 的利润随着产能的增加而增加。制造商 B 的利润随着产能的增加整体呈下降趋势。不同产能限制下，上游的最优批发价格也不同。供应商、制造商和供应链的利润都随着团购数量的增加先增加后减少。当上游制造商获取信息时，制造商、零售商和供应链的利润都随着市场不确定性的增加而增加。供应链的利润随产品替代率的增加而增加。

（6）本书为上游企业如何制定最优的批发价格提供了新方法。在供应链中上下游之间没有纵向信息传递的情况下，供应商制定不同的批发价格来影响制造商的决策，建立上下游企业之间的连接。上游供应商可以将定价策略作为影响下游制造商信息共享策略的有力工具，从而实现自身利润最大化。

7.2　研　究　启　示

20 世纪 90 年代以来，电子商务得到了突飞猛进的发展，供应链面对的市场随着电子商务的发展也发生了变化。受到经济全球化的影响，企业间的竞争日益加剧。要想在激烈的竞争中立于不败之地，企业需要利用信息充分发挥优势，并与供应链中的其他成员保持密切联系，维持稳定的合作竞争关系。因此，信息共享成为供应链管理研究中的焦点问题。在供应链信息共享的文献中，大多数学者关注上下游企业之间的纵向信息共享。在合作竞争的大环境下，许多企业开始与其竞争对手共享信息。然而，目前对于企业间横向信息共享的研究还比较匮乏。因此，本书主要关注竞争企业之间的横向信息共享问题。因为在现实市场中，企业由于资金、库存等原因受到产能限制，订货量也会受到限制，而不仅仅一直处于内部均衡的状态，所以与现实情况相结合，本书分别研究了竞争企业受到对称和非对称的产能限制时的信息共享策略。对于竞争企业而言，如果进行数量竞争，当订货量不受到限制时，不应该把自己的信息与竞争者共享。当订货量受到限制时，竞争者之间有可能会共享信息。企业要结合自身受到的产能限制的大小以及竞争对手的产能限制情况做出科学的信息共享和订货量决策。

许多企业为了降低成本，共同向上游企业采购产品、半成品或者原材来获得更低的批发价格，从而获得竞争优势。目前，团购已经成为一种潮流，从消费者购买商品到企业的采购都得到广泛应用。团购的批发价格会随着团购数量的变化而变化：团购数量越高，团购价格越低。通常情况下，企业会将团购的所有产品或材料用于销售或生产。但是，有时候一些企业为了获得更低的批发价格，团购的产品数量会大于实际的需求数量。此时，团购的数量会限制销售数量。竞争的团购企业之间是否共享信息受到团购数量的影响。当企业团购产品或者原材料没有全部用于销售或者生产时，团购企业不应该将自己的信息共享给其竞争者。当团购企业将团购产能或者原材料全部用于销售或者生产时，信息共享和信息不共享的利润是一样的。当团购的数量限制了一部分销售数量时，企业的信息共享策略随着团购数量变化。本研究为团购企业是否信息共享以及如何制定最优的团购数量提供了依据。

许多学者研究发现，下游的企业把自己的需求信息共享给上游企业后，上游利润增加但下游利润减少。所以，下游企业不会主动把信息共享给上游企业。本书研究发现，在下游企业共享信息后，如果上游企业采取一些保密措施，不把下游共享的信息泄露出去，下游共享信息后利润也可能增加，所以下游企业有可能自愿将信息共享给上游。从供应链的整体利润出发，即使上游获取下游信息后利润增加，下游利润减小，但是只要供应链利润增加，上游制造商就可以用增加的一部分利润购买零售商的信息，以弥补零售商由于共享信息造成的损失，从而成功地获取下游零售商的信息。由于市场的复杂性，企业在做信息共享和信息获取决策时，还要考虑竞争方式、市场的不确定性和产品的替代性等因素的影响。本书为上游企业如何获取下游企业的信息提供了科学的指导。

上游企业的定价问题一直是供应链管理中关注的重点，同时对于企业自身实现利润最大化具有关键作用。本书研究发现，下游制造商的信息共享策略和订货量决策会受到上游供应商批发价格的影响。供应链中，上下游企业之间在没有纵向信息共享的情况下，上游供应商可以通过调整批发价格来影响下游制造商的决策，从而提高自身利润。本书为上游企业如何制定最优的批发价格提供依据。

在传统的供应链管理中，更多关注于库存、订货量等因素的影响。本书的研究结果为供应链管理提供了新的视角：通过调整企业的信息共享和信息获取策略来实现供应链整体的协调。因此，企业也认识到信息共享的重要性。而构建信息系统收集相关信息是实现信息共享的前提。美国的零售商CVS、Kmart和沃尔玛构建了一个联盟，支付了2500万美元来收集他们在全国数千家商店的最新销售数据，以便跟踪和预测销售趋势（Jiang L and Hao Z Y，2016）。沃尔玛、思科和惠普等企业还直接建立了与上游企业和商业伙伴的信息共享系统（Kevin Zhu，2004）。除了企业自己构建信息系统来收集与传递信息，信息平台也是获取和共享信息的有效途径。在市政府的支持下，上海陆家嘴国际金融资产交易市场股份有限公司（陆金所），由中国平安集团倾力打造并于2011年9月在上海注册成立，注册资金8.37亿元人民币。金融机构能够通过陆金所为顾客提供银行理财、信托计划、保险产品、证券理财和基金等理财产品。在该平台上，金融机构可以获取其竞争对手的资金成本和需求等信息。Instill公司集中于食品服务产业，提供将饭店、配送商和生产商联系在一起的服务。它向客户提供采购服务以及预测、协作和补货工具等服务。在酿酒行业，eSkye将零售店、分销商和供应商联系起来，使零售商的订单处理过程自动化，同时向分销商和供应商提供产品流信息。信息平台的出现为信息共享提供了便利条件。但是，通过信息平台进行信息共享，并不是企业与其合作者和竞争者之间的直接信息传递，因此难免会存在信息的扭曲，而且信息平台会向参与企业收取高额费用。为了解决这些问题，可以将现在流行的区块链应用到信息的传递中。由区块链的性质和定义可以知道，企业选择是否加入区块链的实质是选择是否共享信息。各企业之间可以协商决定加入区块链后所显示的信息，达成协议。基于区块链的信息共享对市场中信息存在严重不对称的情况效果可能更加明显，比如二手车和二手房交易市场等。

本书的研究成果不仅对传统的供应链管理具有重要的价值，对于外包供应链和全渠道供应链也有一定的借鉴意义和参考价值。

近年来，越来越多的制造商将其产品或组成产品的零部件外包给其他企业，从而降低生产成本，提高利润。例如，苹果公司和惠普公司将自己的产品生产外包给富士康，美国的耐克公司也将其生产工作全部外包给其他生产商。外包虽然可以在一定程度上提高企业的效率，但是也会使供应链分散化。信息共享可以有效地建立供应链中各企业之间的联系，解决外包带来的分散化问题，实现供应链总体的协调。

随着互联网的飞速发展，全渠道销售模式成为潮流。零售业，沃尔玛和永辉超市在进行线下商店销售的同时，都推出了网络销售平台。在服装行业，H&M、优衣库（UNIQLO）和 ZARA 都有线上线下的销售店铺。苹果公司和国美电器在线下专卖店的基础上，又增加了官网销售平台。在全渠道销售的基础上，新零售在近几年受到了很多企业的关注。例如，酒仙网在线上销售的同时，在线下许多地区开设了国际名酒城，并且实现了线上下单，线下店铺配送的销售模式。在同一个区域范围内的线下商店之间信息共享，大大提高了销售效率。

总之，本书对供应链中受到产能限制的企业、相互竞争的团购企业的信息共享策略有着指导作用，同时对上游企业如何通过定价影响下游企业的数量策略，以及上游企业是否应该购买下游企业需求信息从而实现自身利润最大化具有一定的现实意义。此外，对于电子商务下基于信息系统和信息平台的信息收集，外包供应链、全渠道供应链和新零售中的信息共享研究有一定的参考价值。

附　　录

引理 3 - 1 的证明

$q_{22}(\text{FIS}) - q_{22}(\text{NIS}) = (d_2 - d_1)/3\delta$。因为 $d_1 < d_2$，所以 $(d_2 - d_1)/(3\delta) > 0$，可得到 $q_{22}(\text{FIS}) > q_{21}(\text{NIS})$，$q_{22}(\text{NIS})$；

同理可得：

$q_{22}(\text{NIS}) - q_{21}(\text{FIS}) = (d_2 - d_1)/(4\delta) > 0$，所以 $q_{21}(\text{NIS})$，$q_{22}(\text{NIS}) > q_{12}(\text{FIS})$，$q_{21}(\text{FIS})$

$q_{21}(\text{FIS}) - q_{11}(\text{NIS}) = (d_2 - d_1)/(4\delta) > 0$，所以 $q_{12}(\text{FIS})$，$q_{21}(\text{FIS}) > q_{11}(\text{NIS})$，$q_{12}(\text{NIS})$

$q_{11}(\text{NIS}) - q_{11}(\text{FIS}) = (d_2 - d_1)/(12\delta) > 0$，所以 $q_{11}(\text{NIS})$，$q_{12}(\text{NIS}) > q_{11}(\text{FIS})$

定理 3 - 1 的证明

当订货量不受到产能限制时，制造商不共享需求信息时的利润：

$$\pi_{\text{M1}}^{\text{NIS}} = (25d_1^2 + 14d_1 d_2 + 25d_2^2 - 32(d_1 + d_2)w + 16w^2)/144\delta$$

制造商共享需求信息时的利润：

$$\pi_{\text{M1}}^{\text{FIS}} = (3d_1^2 + 2d_1 d_2 + 3d_2^2 - 4(d_1 + d_2)wd_2)w + 2w^2)18\delta$$

$\pi_{\text{M1}}^{\text{NIS}} - \pi_{\text{M1}}^{\text{FIS}} = (d_1 - d_2)^2/144\delta > 0$。所以，在内部均衡下，信息不共享始终是制造商的占优策略。

在订货量情形 1 中，供应商的利润表达式为 $\pi_S = (d_1 + d_2 - w)w/3\delta$；令 $\partial\pi_{\text{S1}}^{\text{NIS}}/\partial w = 0$，可得到 $w_1^* = (d_1 + d_2)/2$。$2d_2 - 3Q\delta < (d_1 + d_2)/2 < 2d_1$，当 $w_1^* = (d_1 + d_2)/2$ 时，上游供应商的利润最大，利润最大值为 $\pi_{\text{S1}}^* = (d_1 + d_2)^2/12\delta$；信息不共享时的期望订货量为：$E(q_1^{\text{NIS}}) = (d_1 + d_2 - w)/3\delta$；信息共享时的期望订货量为：$E(q_1^{\text{FIS}}) = (d_1 + d_2 - w)/3\delta$。由此可得 $E(\Pi_1^{\text{FIS}}) - E(\Pi_1^{\text{NIS}}) = 0$。

定理 3 - 2 的证明

在订货量情形 2 中，制造商不共享需求信息时的利润：

$$\pi_{M2}^{NIS} = (25d_1^2 + 14d_1d_2 + 25d_2^2 - 32(d_1 + d_2)w + 16w^2)/144\delta$$

制造商共享需求信息时的利润：

$$\pi_{M2}^{FIS} = (6d_1^2 + 4d_1d_2 + 2d_2^2 - 8d_1w - 4d_2w + 3w^2 + 18d_2Q\delta - 9Qw\delta - 18Q^2\delta^2)/36\delta。$$

$$\pi_{M2}^{NIS} - \pi_{M2}^{FIS} = (4w^2 + 36Qw\delta + 72Q^2 + d_1^2 - 16wd_2 - 72Qd_2\delta - 2d_1d_2 + 17d_2^2)/144\delta。$$

$$\partial(\pi_{M2}^{NIS} - \pi_{M2}^{FIS})/\partial w = (2w + 9Q\delta - 4d_2)/36\delta;$$

$(2w + 9Q\delta - 4d_2)/36\delta$ 为 w 的增函数。批发价格的取值范围为：$(d_1 + 7d_2 - 12Q\delta)/4 < w < (2d_2 - 3Q\delta)$。$\partial(\pi_{M2}^{NIS} - \pi_{M2}^{FIS})/\partial w$ 在 $(d_1 + 7d_2 - 12Q\delta)/4$ 取得最小值，将 $w = (d_1 + 7d_2 - 12Q\delta)/4$ 代入 $(2w + 9Q\delta - 4d_2)/36\delta$，可得 $(6Q\delta + d_2 - d_1)/72\delta > 0$。由此可知，$\pi_{M2}^{NIS} - \pi_{M2}^{FIS}$ 在 $(d_1 + 7d_2 - 12Q\delta)/4 < w < (2d_2 - 3Q\delta)$ 范围内为正值。

$\pi_{M2}^{NIS} - \pi_{M2}^{FIS} = (-2d_1 + w + 3Q\delta)(-2d_1 + w + 6Q\delta)/36\delta$ 在 $(d_1 + 7d_2 - 12Q\delta)/4 < w < (2d_2 - 3Q\delta)$ 且 $w < 2d_1$ 上为批发价格的增函数。所以，$\pi_{M2}^{NIS} - \pi_{M2}^{FIS}$ 的最大值在取值范围的右边界时取得。将 $w = (2d_2 - 3Q\delta)$ 代入 $(\pi_{M2}^{NIS} - \pi_{M2}^{FIS})$，可知 $\pi_{M2}^{NIS} - \pi_{M2}^{FIS} < 0$，所以在订货量情形 2 中，完全信息共享始终是下游制造商的占优策略。

将 q_2^{BE} 代入公式 (3 - 5)，可求得：

$$\pi_{S2}^{NIS} = w(d_1 + d_2 - w)/3\delta, \quad \pi_{S2}^{FIS}$$
$$= w((d_1 - d_2 - w)/3\delta + Q - (2d_1 - w)3\delta) < \pi_{S1}^{NIS}$$

当制造商之间共享信息时，上游供应商的利润为：$w(4d_1 + 2d_2 - 3w + 3Q\delta)/12\delta$。令 $\partial\pi_{S2}^{FIS}/\partial w = 0$，可得到 $w_2^* = (4d_1 + 2d_2 + 3Q\delta)/6$，对应的供应商的利润值为 $\pi_{S2}^* = (4d_1 + 2d_2 + 3Q\delta)^2/144\delta$。信息不共享时的期望订货量：$E(q_1^{NIS}) = (d)_1 + d_2 - w)/3\delta$。信息共享时制造商的期望订货量为：$E(q_1^{FIS}) = (d_1 + d_2 - w)/3\delta + Q - (2d_1 - w)/3\delta < (d_1 + d_2 - w)/3\delta。$

可知：$E(\pi_{S2}^{FIS}) < E(\pi_{S2}^{NIS})$。

定理 3 - 3 的证明

在订货量情形 3 中，制造商不共享需求信息时的利润：

$$\pi_{M3}^{NIS} = ((3d_1 + d_2 - 2w)^2 - Q\delta (d_1 - 33d_2 + 16w) - 34Q^2 \delta^2)/50\delta$$

制造商共享需求信息时的利润：

$$\pi_{M3}^{FIS} = (6d_1^2 + 4d_1 d_2 + 2d_2^2 - 8d_1 w - 4d_2 w + 3w^2$$
$$+ 18d_2 Q\delta - 9Qw\delta - 18Q^2 \delta^2)/36\delta$$

$$\pi_{M3}^{NIS} - \pi_{M3}^{FIS} = (6d_1 - 8d_2 + w + 18Q\delta)(2d_1 + 4d_2 - 3(w + 3Q\delta))/900\delta$$

令下游制造商的利润差 $\pi_{M3}^{NIS} - \pi_{M3}^{FIS} = 0$，可得 $w_{31} = (2d_1 + 4d_2 - 9Q\delta)/3$，$w_{32} = 2(4d_2 - 3d_1 - 9Q\delta)$。在这两个点下游制造商共享信息和不共享信息时的利润相等。分别求在这两个点上游供应商的利润。将 w_{31} 和 w_{32} 代入 π_{S3}^{NIS} 和 π_{S3}^{FIS} 中，可得：

$$\Pi_{31} = \max \{ \pi_{S31}^{NIS}, \pi_{S31}^{FIS} \}$$
$$\Pi_{32} = \max \{ \pi_{S32}^{NIS}, \pi_{S32}^{FIS} \}$$

如果制造商选择完全信息不共享，供应商的利润为：$\pi_{S3}^{NIS} = w(3d_1 + d_2 - 2w + 4Q\delta)/10\delta$。令 $\partial \pi_{S3}^{NIS}/\partial w = 0$，可得：$w_{33} = (3d_1 + d_2 + 4Q\delta)/4$。将 w_{33} 代入 π_{M3}^{NIS} 和 π_{M3}^{FIS}，可得：

$$\pi_{M3}^{NIS} - \pi_{M3}^{FIS} = (31d_2 - 76Q\delta - 27d_1)(48Q\delta + d_1 - 13d_2)/14400\delta = \Delta_{31}$$

所以，当且仅当 $\Delta_{31} > 0$ 且 $w_3 < w_{33} < w_2$ 时，制造商选择 NIS，供应商的最大利润为 $\Pi_{33} = (3d_1 + d_2 + 4Q\delta)^2/80\delta$。

如果制造商选择完全信息共享，供应商的利润为 $\pi_{S3}^{FIS} = w(4d_1 + 2d_2 - 3w + 3Q\delta)/12\delta$。令 $\partial \pi_{S3}^{FIS}/\partial w = 0$，可得：$w_{34} = (4d_1 + 2d_2 + 3Q\delta)/6$。将 w_{34} 代入 π_{M3}^{NIS} 和 π_{M3}^{FIS}，可得：$\pi_{M3}^{NIS} - \pi_{M3}^{FIS} = -(111Q\delta + 40d_1 - 46d_2)(7Q\delta - 2d_2)/3600\delta = \Delta_{32}$。所以，当且仅当 $\Delta_{32} < 0$ 且 $w_3 < w_{34} < w_2$ 时，制造商选择 FIS，供应商的最大利润为：$\Pi_{34} = (4d_1 + 2d_2 + 3Q\delta)^2/144\delta$。因此，供应商的最大利润有四个候选值：$\Pi_{31}$，$\Pi_{32}$，$\Pi_{33}$ 和 Π_{34}。

综上，供应商的最大利润和最优定价可总结如下：

$$\begin{cases} w_{31} = \dfrac{1}{3}(2d_1 + 4d_2 - 9Q\delta) \ \Pi_{31} = \max \{ \pi_{S33}^{NIS}, \pi_{S33}^{FIS} \}, \text{ if } w_3 < w_{31} < w_2 \\[2mm] w_{32} = -2(3d_1 - 4d_2 + 9Q\delta) \ \Pi_{34} = \max \{ \pi_{S34}^{NIS}, \pi_{S32}^{FIS} \}, \text{ if } w_3 < w_{32} < w_2 \\[2mm] w_{33} = \dfrac{(3d_1 + d_2 + 4Q\delta)}{4} \ \Pi_{33} = \dfrac{(3d_1 + d_2 + 4Q\delta)^2}{80\delta}, \text{ if } \Delta_{31} > 0 \text{ 且 } w_3 < w_{33} < w_2 \\[2mm] w_{34} = \dfrac{(4d_1 + 2d_2 + 3Q\delta)}{6} \ \Pi_{34} = \dfrac{(4d_1 + 2d_2 + 3Q\delta)^2}{144\delta}, \text{ if } \Delta_{32} < 0 \text{ 且 } w_3 < w_{34} < w_2 \end{cases}$$

定理 3 - 4 的证明

在订货量情形 4 中，制造商不共享需求信息时的利润：

$$\pi_{M4}^{NIS} = ((3d_1 + d_2 - 2w)^2 - Q\delta(d_1 - 33d_2 + 16w) - 34Q^2\delta^2)/50\delta$$

制造商共享需求信息时的利润：

$$\pi_{M4}^{FIS} = (w^2 - 27Qw\delta - 54Q^2\delta^2 + 2d_1(-2w + 9Q\delta + 2d_1) + 36Qd_2\delta))/36\delta$$

$$\pi_{M4}^{NIS} - \pi_{M4}^{FIS} = (47w^2 + 387Qw\delta + 738Q^2\delta^2 - 116wd_1 - 468Qd_1\delta$$
$$+ 62d_1^2 - 306Qd_2\delta + 108d_1d_2 + 18d_2^2)/900\delta$$

令下游供应商的利润差 $\pi_{M4}^{NIS} - \pi_{M4}^{FIS} = 0$，可得：$w_{41}$ 和 w_{42}。在这两个点下游制造商共享和不共享时的利润相等。分别求在这两个点上游供应商的利润。将 w_{41} 和 w_{42} 代入 π_{S4}^{NIS} 和 π_{S4}^{FIS} 中，可求得：

$$\Pi_{41} = \max\{\pi_{S41}^{NIS}, \pi_{S41}^{FIS}\}$$
$$\Pi_{42} = \max\{\pi_{S42}^{NIS}, \pi_{S42}^{FIS}\}$$

如果制造商选择完全信息不共享，供应商的利润为：$\pi_{S4}^{NIS} = w(3d_1 + d_2 - 2w + 4Q\delta)/10\delta$。令 $\partial\pi_{S4}^{NIS}/\partial w = 0$，可得：$w_{43} = 1/4(3d_1 + d_2 + 4Q\delta)$。将 w_{43} 代入 π_{M4}^{NIS} 和 π_{M4}^{FIS}，可得：

$$\pi_{M4}^{NIS} - \pi_{M4}^{FIS} = (18752Q^2\delta^2 - 3572Qd_1\delta + 23d_1^2 - 4124Qd_2\delta$$
$$+ 682d_2d_2 + 47d_2^2)/14400\delta = \Delta_{41}$$

所以，当且仅当 $\Delta_{41} > 0$ 且 $w_4 < w_{43} < w_3$ 时，制造商选择 NIS，供应商的最大利润为 $\Pi_{43} = (3d_1 + d_2 + 4Q\delta)^2/80\delta$。

如果制造商选择完全信息共享，供应商的利润为：$\pi_{S4}^{FIS} = w(w - 9Q\delta - 2d_1)/12\delta$。令 $\partial\pi_{S4}^{FIS}/\partial w = 0$，可得：$w_{44} = 1/2(2d_1 + 9Q\delta)$。将 w_{44} 代入 π_{M4}^{NIS} 和 π_{M4}^{FIS}，可得：

$$\pi_{M4}^{NIS} - \pi_{M4}^{FIS} = (13725Q^2\delta^2 - 720Qd_1\delta - 28d_1^2 - 2520Qd_2\delta$$
$$+ 144d_1d_2 + 72d_2^2)/3600\delta = \Delta_{42}$$

所以，当且仅当 $\Delta_{42} < 0$ 且 $w_4 < w_{44} < w_3$ 时，制造商选择 FIS，供应商的最大利润为 $\Pi_{44} = w(2d_1 + 9Q\delta - w)/12\delta$。

因此，供应商的最大利润有四个候选值：Π_{41}，Π_{42}，Π_{43} 和 Π_{44}。

综上，供应商的最大利润和最优定价以及需要满足的条件可总结如下：

$$
\begin{cases}
\Pi_{41} = \max\{\pi_{S41}^{NIS}, \pi_{S41}^{FIS}\}, \ \text{if} \ w_4 < w_{41} < w_3 \\[2mm]
\Pi_{42} = \max\{\pi_{S42}^{NIS}, \pi_{S42}^{FIS}\}, \ \text{if} \ w_4 < w_{42} < w_3 \\[2mm]
w_{43} = \dfrac{(3d_1 + d_2 + 4Q\delta)}{4} \ \Pi_{43} = \dfrac{(3d_1 + d_2 + 4Q\delta)^2}{80\delta}, \ \text{if} \ \Delta_{41} > 0 \ \text{且} \ w_4 < w_{43} < w_3 \\[3mm]
w_{44} = \dfrac{(2d_1 + 9Q\delta)}{2} \ \Pi_{44} = \dfrac{w(2d_1 + 9Q\delta - w)}{12\delta}, \ \text{if} \ \Delta_{42} < 0 \ \text{且} \ w_4 < w_{44} < w_3
\end{cases}
$$

定理 3 – 5 的证明

在订货量情形 5 中，制造商不共享信息时的利润：

$$\pi_{M5}^{NIS} = Q(d_1 + d_2 - w - 2Q\delta)$$

制造商共享信息时的利润：

$$\pi_{M5}^{FIS} = ((-2d_1 + w)^2 + 9Q\delta(2d_1 + 4d_2 - 3w) - 54Q^2\delta^2)/36\delta$$

$$\pi_{M5}^{NIS} - \pi_{M5}^{FIS} = -(-2d_1 + w + 3Q\delta)(-2d_1 + w + 6Q\delta)/36\delta$$

$$\partial(\pi_{M5}^{NIS} - \pi_{M5}^{FIS})/\partial w = (2d_1 - w - 4Q\delta)/4$$

$(2d_1 - w - 4Q\delta)/4$ 为 w 的减函数。在批发价格的取值范围内 $(2d_1 - 3Q\delta < w < (3d_1 + d_2 - 6Q\delta)/2)$，$(2d_1 - w - 4Q\delta)/4$ 的最大值在取值范围的左边界 $2d_1 - 3Q\delta$ 取得。将 $w = 2d_1 - 3Q\delta$ 代入 $(2d_1 - w - 4Q\delta)/4$，可得：$(-2d_1 + w)/12$。已知 $w < 2d_1$，可知：$(2d_1 - w - 4Q\delta)/4 < 0$。

$\pi_{M5}^{NIS} - \pi_{M5}^{FIS} = (2d_1 - w - 3Q\delta)(w - 2d_1 + 6Q\delta)/36\delta$ 在取值范围 $(2d_1 - 3Q\delta) < w < (3d_1 + d_2 - 6Q\delta)/2$ 且 $w < 2d_1$ 内为批发价格的减函数。$\pi_{M5}^{NIS} - \pi_{M5}^{FIS}$ 的最大值在取值范围的下边界 $w = 2d_1 - 3Q\delta$ 取得。将 $w = 2d_1 - 3Q\delta$ 代入 $\pi_{M5}^{NIS} - \pi_{M5}^{FIS}$，可得：$\pi_{M5}^{NIS} - \pi_{M5}^{FIS} = 0$。因此，在订货量情形 5 中 $\pi_{M5}^{NIS} \leqslant \pi_{M5}^{FIS}$，完全信息共享始终是下游制造商的占优策略。

$$\pi_{S5}^{NIS} = 4Qw$$

$$\pi_{S5}^{FIS} = \frac{w(2d_1 - w + 9Q\delta)}{12\delta}$$

$$q_{11}(FIS) = (2d_1 - w)/3\delta < Q$$

所以在订货量情形 5 中，$\pi_{S5}^{NIS} > \pi_{S5}^{FIS}$

当下游制造商共享信息时，上游供应商的利润表达式为 $\pi_{S5}^{FIS} = w(2d_1 - w + 9Q\delta)12\delta$。令 $\partial\pi_{S5}^{FIS}/\partial w = 0$，可得：$w_5^* = 2d_1 + 9Q\delta/2$。将 $w_5^* = 2d_1 + 9Q\delta/2$ 代入 π_{S5}^{FIS}，可得供应商的最大利润为 $(2d_1 + 9Q\delta)^2/48\delta$。

制造商不共享信息时的期望订货量：$E(q_5^{NIS}) = Q$。上游供应商的期望利润：$E(\pi_{S5}^{NIS}) = Qw$。

制造商共享信息时的期望订货量：$E(q_5^{FIS}) = (2d_1 - w + 9Q\delta)/12\delta$。上游供应商的期望利润为：$E(\pi_{S5}^{FIS}) = w(2d_1 - w + 9Q\delta)/(12\delta)$，$E(\pi_{S5}^{NIS}) - E(\pi_{S5}^{FIS}) = w(3Q\delta - 2d_1 + w)/12\delta$，$a_{11}(FIS) = (2d_1 - w)/3\delta$ 为内部解小于 Q，可得：$E(\pi_{S5}^{FIS}) < E(\pi_{S5}^{NIS})$。

定理 3 - 6 的证明

由引理 1 可知 $q_{11}(FIS)$ 最小，所以当 $q_{11}(FIS) > Q$ 时，所有的订货量受产能限制都只能取 Q。因此，制造商的利润与信息共享无关，即：$\pi_{M6}^{FIS} = \pi_{M6}^{NIS} = Q(-w - 2Q\delta + d_1 + d_2)$。

上游制造商的利润：$\pi_{S6}^{NIS} = \pi_{S6}^{FIS} = Qw$，$w$ 越大，上游制造商的利润也就越大。由于 w 的最大值为 $w_{max} = \min(2d_1, 2d_1 - 3Q\delta) = 2d_1 - 3Q\delta$，上游制造商的最大利润为：$\pi_{S6}^{NIS} = \pi_{S6}^{FIS} = Q(2d_1 - 3Q\delta)$。

引理 3 - 2 的证明

在订货量情形 6 中，上游供应商的最优定价为 $w = 2d_1 - 3Q\delta$，对该函数求 Q 的导数，导数的表达式为 $-3\delta < 0$，故 w 是 Q 的减函数，w 随着 Q 的增加而减小。

在订货量情形 5 中，上游供应商的最优定价为：$w = (2d_1 + 9d_2Q\delta)/2$，对该函数求 Q 的导数，导数的表达式为 $9d_2\delta/2 > 0$，故 Q 是 w 的增函数，w 随着 Q 的增加而增加。

引理 4 - 1 的证明

计算可得 $q_{22}^A(NF) - q_{22}^A(FF) = (d_2 - d_1)/12\delta > 0$。同理可得引理中相邻订货量的差都为 $(d_2 - d_1)/12\delta$。由此可得到上述的大小关系。

定理 4 - 1 的证明

将 q_1^{IE} 代入利润公式（4 - 2）至公式（4 - 8），可得：

$$\pi_{MA}^{NN} = \pi_{MB}^{NN} = \frac{25d_1^2 + 14d_1d_2 + 25d_2^2 - 32(d_1 + d_2)w + 16w^2}{144\delta}$$

$$\pi_{MA}^{FF} = \pi_{MB}^{FF} = \frac{3d_1^2 + 2d_1d_2 + 3d_2^2 - 4(d_1 + d_2)w + 2w^2}{18\delta}$$

$$\pi_{MA}^{FN} = \pi_{MB}^{NF} = \frac{4w^2 + 5d_1^2 - 8wd_2 + 5d_2^2 + (-8w + 6d_2)}{36\delta}$$

$$\pi_{MA}^{NF} = \pi_{MB}^{FN} = \frac{16w^2 + 29d_1^2 - 32wd_2 + 29d_2^2 + d_1(-32w + 6d_2)}{144\delta}$$

所以：

$$\pi_{MA}^{NN} - \pi_{MA}^{FN} = 5(d_1 - d_2)^2/(144\delta) > 0$$

$$\pi_{MA}^{NF} - \pi_{MA}^{FF} = 5(d_1 - d_2)^2/(144\delta) > 0$$

$$\pi_{MB}^{NN} - \pi_{MB}^{NF} = 5(d_1 - d_2)^2/(144\delta) > 0$$

$$\pi_{MB}^{FN} - \pi_{MB}^{FF} = 5(d_1 - d_2)^2/(144\delta) > 0$$

类似地，由公式（10）可得：$\pi_{S1}^{NN} = \pi_{S1}^{FF} = \pi_{S1}^{FN} = \pi_{S1}^{NF} = 2(d_1 + d_2 - w)$ $w/(3\delta)$。

当 $\partial\pi_{S1}^{NN}/\partial w = 0$ 时，可知：$w_1^* = (d_1 + d_2)/2$。将 w_1^* 代入利润函数，可得：$\pi_{S1}^* = (d_1 + d_2)^2/(6\delta)$。

定理 4 - 2 的证明

将 q_9^{BE} 代入利润公式（4 - 2）至公式（4 - 8），可得：

$$\pi_{MA}^{NN} = \pi_{MA}^{FF} = \pi_{MA}^{FN} = \frac{Q(-w - Q\delta + d_1 + d_2)}{2}$$

$$\pi_{MA}^{NF} = \frac{-2w(-4w^2 + 81Qw\delta + 83Q^2\delta^2) + 50d_1^2 + d_1(-40w + 111Q\delta - 20d_2) + d_2(8w + 213Q\delta + 2d_2)}{392\delta}$$

$$\pi_{MB}^{NN} = \frac{4(w + q\delta)^2 + 5d_1^2 - 8(w + Q\delta)d_2 + 5d_2^2 + d_1(-8(w + q\delta) + 6d_2)}{16\delta}$$

$$\pi_{MB}^{FF} = \pi_{MB}^{FN} = \frac{2(w + q\delta)^2 + 3d_1^2 - 4(w + Q\delta)d_2 + 3d_2^2 + 2d_1(-2(w + q\delta) + d_2)}{8\delta}$$

$$\pi_{MB}^{NF} = \frac{4(85w^2 + 146Qw\delta + 65Q^2\delta^2) + 305d_1^2 + d_2(-780w - 716Q\delta + 505d_2) + d_1(-580w - 452Q\delta + 550d_2)}{1568\delta}$$

所以，$\pi_{MA}^{NN} = \pi_{MA}^{FN}$，$\pi_{MA}^{NF} - \pi_{MA}^{FF} = (2w + 6Q\delta - 5d_1 + d_2)(4w + 5Q\delta - 10d_1 + 2d_2)/(392\delta)$。当 $\pi_{MA}^{NF} - \pi_{MA}^{FF} = 0$ 时，可得：$w_{91} = (10d_1 - 2d_2 - 5Q\delta)/4$，$w_{92} = (5d_1 - d_2 - 6Q\delta)/2$，$w_{92} = w_8 < w_{91}$，$w_{91} - w_9 = (7Q\delta + 2d_1 - 2d_2)$。当 $w_{91} - w_9 = (7Q\delta + 2d_1 - 2d_2) > 0$ 时，可得：$(\pi_{MA}^{NF} - \pi_{MA}^{FF}) < 0$。当 $w_{91} - w_9 = (7Q\delta + 2d_1 - 2d_2) < 0$ 时，可得：

$$\begin{cases} (\pi_{MA}^{NF} - \pi_{MA}^{FF}) < 0, & \text{if } w_8 < w_9^* < w_{91} \\ (\pi_{MA}^{NF} - \pi_{MA}^{FF}) > 0, & \text{if } w_{91} < w_9^* < w_9 \end{cases}$$

$\pi_{\mathrm{MB}}^{\mathrm{FN}} - \pi_{\mathrm{MB}}^{\mathrm{FF}} = 0$，$\pi_{\mathrm{MB}}^{\mathrm{NN}} - \pi_{\mathrm{MB}}^{\mathrm{NF}} = (26w + 22Q\delta - 37d_1 - 15d_2)(2w + 6Q\delta - 5d_1 + d_2)/1568\delta$ 是关于 w 的凸函数。将 $w = w_8$ 代入 $\pi_{\mathrm{MB}}^{\mathrm{NN}} - \pi_{\mathrm{MB}}^{\mathrm{NF}}$，可得：$\pi_{\mathrm{MB}}^{\mathrm{NN}} - \pi_{\mathrm{MB}}^{\mathrm{NF}} = (d_1 - d_2)(56Qta - 15d_1 + 15d_2) < 0$。类似地，当 $w = w_9$ 时，可得：$\pi_{\mathrm{MB}}^{\mathrm{NN}} - \pi_{\mathrm{MB}}^{\mathrm{NF}} = 0$。所以，可以知道 $(\pi_{\mathrm{MB}}^{\mathrm{NN}} - \pi_{\mathrm{MB}}^{\mathrm{NF}}) < 0$。

将 q_9^{BE} 代入利润函数，可得：

$$\pi_{\mathrm{S}9}^{\mathrm{FF}} = w(Q\delta + d_1 + d_2 - w)/(2\delta)$$

$$\pi_{\mathrm{S}9}^{\mathrm{NF}} = w(-30w + 22Q\delta + 33d_1 + 27d_2)/(56\delta)$$

当 $\partial\pi_{\mathrm{S}9}^{\mathrm{NF}}/\partial w = 0$ 时，可得：$w_9^* = (4d_1 + 2d_2 + 3Q\delta)/6$。将 w_9^* 代入利润函数，可得：$\pi_{\mathrm{S}9}^* = (4d_1 + 2d_2 + 3Q\delta)^2/144\delta$。

当 $\partial\pi_{\mathrm{S}9}^{\mathrm{FF}}/\partial w = 0$ 时，可得 $w_9^* = (33d_1 + 27d_2 + 22Q\delta)/60$。将 w_9^* 代入利润函数，可得：$\pi_{\mathrm{S}9}^* = (33d_1 + 27d_2 + 22Q\delta)^2/6720\delta$。

定理 4 – 3 的证明

将 q_{10}^{BE} 代入利润公式（4 – 2）至公式（4 – 10），可得：

$$\pi_{\mathrm{MA}}^{\mathrm{NN}} = \pi_{\mathrm{MA}}^{\mathrm{FN}} = \pi_{\mathrm{MA}}^{\mathrm{NF}} = \pi_{\mathrm{MA}}^{\mathrm{FF}} = \frac{Q(-w - Q\delta + d_1 + d_2)}{2}$$

$$\pi_{\mathrm{MB}}^{\mathrm{NN}} = \pi_{\mathrm{MB}}^{\mathrm{NF}} = \frac{4(w + q\delta)^2 + 5d_1^2 - 8(w + Q\delta)d_2 + 5d_2^2 + d_1(-8(w + q\delta) + 6d_2)}{16\delta}$$

$$\pi_{\mathrm{MB}}^{\mathrm{FN}} = \pi_{\mathrm{MB}}^{\mathrm{FF}} = \frac{2(w + q\delta)^2 + 3d_1^2 - 4(w + Q\delta)d_2 + 3d_2^2 + 2d_1(-2(w + q\delta) + d_2)}{8\delta}$$

$\pi_{\mathrm{S}10}^{\mathrm{NN}} = \pi_{\mathrm{S}10}^{\mathrm{FF}} = \pi_{\mathrm{S}10}^{\mathrm{FN}} = \pi_{\mathrm{S}10}^{\mathrm{NF}} = w(d_1 + d_2 + Q\delta - w)/2$。当 $\partial\pi_{\mathrm{S}10}^{\mathrm{NN}}/\partial w = 0$ 时，可得 $w_{10}^* = (d_1 + d_2 + Q\delta)/2$。将 w_{10}^* 代入利润函数，可得 $\pi_{\mathrm{S}10}^* = (d_1 + d_2 + Q\delta)^2/8\delta$。

引理 5 – 1 的证明

$q_{22}(\mathrm{FIS}) - q_{22}(\mathrm{NIS}) = (d_2 - d_1)/3\delta$。因为 $d_1 < d_2$，所以 $(d_2 - d_1)/(3\delta) > 0$，可得到 $q_{22}(\mathrm{FIS}) > q_{21}(\mathrm{NIS})$，$q_{22}(\mathrm{NIS})$；同理可得：

$q_{22}(\mathrm{NIS}) - q_{21}(\mathrm{FIS}) = (d_2 - d_1)/(4\delta) > 0$，所以 $q_{21}(\mathrm{NIS})$，$q_{22}(\mathrm{NIS}) > q_{12}(\mathrm{FIS})$，$q_{21}(\mathrm{FIS})$

$q_{21}(\mathrm{FIS}) - q_{11}(\mathrm{NIS}) = (d_2 - d_1)/(4\delta) > 0$，所以 $q_{12}(\mathrm{FIS})$，$q_{21}(\mathrm{FIS}) > q_{11}(\mathrm{NIS})$，$q_{12}(\mathrm{NIS})$

$q_{11}(\mathrm{NIS}) - q_{11}(\mathrm{FIS}) = (d_2 - d_1)/(12\delta) > 0$，所以 $q_{11}(\mathrm{NIS})$，$q_{12}(\mathrm{NIS}) > q_{11}(\mathrm{FIS})$

定理 5 −1 的证明

将 q_1^{IE} 代入公式（5 −2）和公式（5 −3），可得：

$$\pi_{M1}^{FIS} = \frac{3d_1^2 + 2d_1 d_2 + 3(d_2^2 - 6\delta Q(a + cQ - 2dQ))}{18\delta}$$

$$\pi_{M1}^{NIS} = \frac{25d_1^2 + 14d_1 d_2 + 25d_2^2 - 144Q(a + cQ - 2dQ)\delta}{144\delta}$$

计算可得： $\pi_{M1}^{NIS} - \pi_{M1}^{FIS} = (d_1 - d_2)^2 / 144\delta > 0$

定理 5 −2 的证明

将 q_2^{BE} 代入公式（5 −2）和公式（5 −3），可得：

$$\pi_{M2}^{FIS} = \frac{3d_1^2 + 2d_1 d_2 + d_2^2 + 9Q\delta(-2a - Q(2c - 4d + \delta) + d_2)}{18\delta}$$

$$\pi_{M2}^{NIS} = \frac{25d_1^2 + 14d_1 d_2 + 25d_2^2 - 144Q(a + cQ - 2dQ)\delta}{144\delta}$$

$\Delta\pi_2 = \pi_{M2}^{FIS} - \pi_{M2}^{NIS} = (2d_1 d_2 - d_1^2 - d_2^2 - 72Q_2^k\delta(Q_2^k\delta - d_2))/144\delta$。$\Delta\pi_2$ 是 Q_2^k 的凸函数。当 $\partial\Delta\pi_2/\partial Q_2^k = 0$ 时，可得： $Q_{21} = d_2/2\delta < (d_1 + 7d_2)/12\delta$。所以，$\Delta\pi_2$ 是 Q_2^k 的增函数。将 $Q_2^k = (d_1 + 7d_2)/12\delta$ 代入 $\Delta\pi_2$，可得： $\Delta\pi_2 = (d_2 - d_1)(3d_1 + d_2)/2 > 0$。将 $Q_2^k = 2d_2/3\delta$ 代入 $\Delta\pi_2$，可得： $\Delta\pi_2 = -(d_2 - d_1)^2 < 0$。

当 $\Delta\pi_2 = (2d_1 d_2 - d_1^2 - d_2^2 - 72Q_2^k\delta(Q_2^k\delta - d_2))/144\delta = 0$，可知： $Q_{22} = (6d_2 + \sqrt{2}\sqrt{d_2^2 + 2d_1 d_2 - d_1^2})/12\delta$（见图 1）。

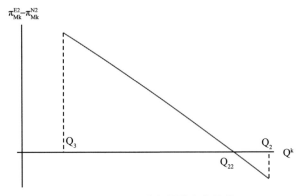

图 1　$\Delta\pi_2$ 随团购数量的变化趋势

由此可知，当 $Q_3 < Q_2^k < Q_{22}$ 时，$\pi_{M2}^{FIS} > \pi_{M2}^{NIS}$；当 $Q_{22} < Q_2^k < Q_2$ 时，$\pi_{M2}^{FIS} < \pi_{M2}^{NIS}$。证毕。

定理 5-3 的证明

将 q_3^{BE} 代入公式（5-2）和公式（5-3），可得：

$$\pi_{M3}^{FIS} = (3d_1^2 + 2d_1d_2 + d_2^2 + 9Q\delta(-2a - Q(2c - 4d + \delta) + d_2))/18\delta$$

$$\pi_{M3}^{NIS} = (9d_1^2 - 2Q\delta(25(a + cQ - 2dQ) + 17Q\delta) + 9d_1^2$$
$$+ 33Q\delta d_2 + d_2^2 + d_1(-Q\delta + 6d_2))/50\delta$$

$\Delta\pi_3 = \pi_{M3}^{FIS} - \pi_{M3}^{NIS} = (9Q_3^k\delta - 2d_1 - 4d_2)(9Q_3^k\delta + 3d_1 - 4d_2)/450\delta$。$\Delta\pi_3$ 是 Q_3^k 的凹函数。当 $\partial\Delta\pi/\partial Q_3^k = 0$ 时，可得：$Q_{31} = (8d_2 - d_1)/18\delta < (d_1 + 7d_2)/12\delta = Q_3$。当 $\Delta\pi_3 = 0$ 时，可得：$Q_{32} = 2(2d_2 + d_1)/9\delta$ 以及 $Q_{33} = (4d_2 - 3d_1)/9\delta$。$Q_{32} - Q_3 = 5(d_1 - d_2)/9\delta < 0$。$Q_{33} - Q_4 = (d_2 - 6d_1)/9\delta$。所以，当 $d_2 > 6d_1$ 时，$Q_{33} > Q_4$；当 $d_2 < 6d_1$ 时，$Q_{33} < Q_4$。

将 Q_{31} 代入 $\Delta\pi_3$，可得：$\Delta\pi_3 = -25d_1^2/4 < 0$。将 Q_3 代入 $\Delta\pi_3$，可得：$\Delta\pi_3 = 25(d_2 - 6d_1)(3d_1 + d_2)/4 > 0$。将 Q_4 代入 $\Delta\pi_3$，可得：$\Delta\pi_3 = 6d_1^2 - 7d_1d_2 + d_2^2$。

所以，当 $d_2 > 6d_1$ 时，如果 $Q_4 < Q_3^k < Q_{33}$ 或者 $Q_{32} < Q_3^k < Q_3$，$\pi_{M3}^{FIS} > \pi_{M3}^{NIS}$；如果 $Q_{33} < Q_3^k < Q_{32}$，$\pi_{M3}^{FIS} < \pi_{M3}^{NIS}$（见图2）；

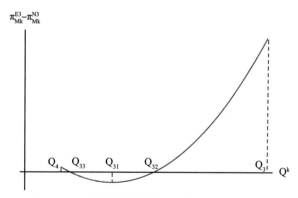

图2　$\Delta\pi_3$ 随团购数量的变化趋势（$d_2 < 6d_1$）

当 $d_2 < 6d_1$，如果 $Q_4 < Q_3^k < Q_{32}$，则 $\pi_{M3}^{FIS} < \pi_{M3}^{NIS}$；如果 $Q_{32} < Q_3^k < Q_3$，则 $\pi_{M3}^{FIS} > \pi_{M3}^{NIS}$（见图3）。证毕。

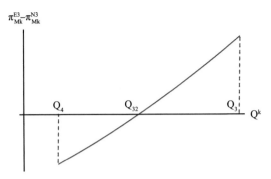

图 3　$\Delta\pi_3$ 随团购数量的变化趋势（$d_2 > 6d_1$）

定理 5 - 4 的证明

将 q_4^{BE} 代入公式（5 - 2）和公式（5 - 3），可得：

$$\pi_{M4}^{FIS} = (9Q\delta d_1 + 2d_1^2 - 9Q\delta(2a + 2cQ - 4dQ + 3Q\delta - 2d_2))/18\delta$$

$$\pi_{M4}^{NIS} = (9d_1^2 - 2Q\delta(25(a + cQ - 2dQ) + 17Q\delta) + 33Q\delta d_2$$
$$+ d_2^2 + d_1(-Q\delta + 6d_2))/50\delta$$

$\Delta\pi_4 = \pi_{M4}^{FIS} - \pi_{M4}^{NIS} = (18d_1(13Q_7^k\delta - 3d_2) - 31d_1^2 - 9(41Q_4^{k2}\delta^2 + d_2^2 - 17Q_4^k\delta d_2))/450$。$\Delta\pi_4$ 是关于 Q_4^k 的凸函数。当 $\partial\Delta\pi_4/\partial Q_4^k = 0$ 时，可知：$Q_{41} = (17d_2 + 26d_1)/82\delta < (d_1 + d_2)/3\delta = Q_4$。

将 Q_5 代入 $\Delta\pi_4$，可知：$\Delta\pi_4 = 25(d_2 - d_1)(321d_1 + 19d_2)/16 > 0$。将 Q_4 代入 $\Delta\pi_4$，可得：$\Delta\pi_4 = 6d_1^2 - 7d_1d_2 + d_2^2$。当 $\pi_{M4}^{FIS} - \pi_{M4}^{NIS} = 0$ 时，可得：$Q_{42} = (78d_1 + 51d_2 + 5\sqrt{45d_2^2 - 36d_1d_2 + 40d_1^2})/246\delta$。

所以，当 $d_2 > 6d_1$ 时，$\pi_{M4}^{FIS} > \pi_{M4}^{NIS}$（见图 4）。

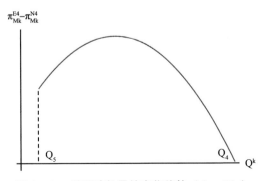

图 4　$\Delta\pi_4$ 随团购数量的变化趋势（$d_2 > 6d_1$）

当 $t_h < 6t_1$ 时，如果 $Q_5 < Q_4^k < Q_{42}$，$\pi_{M4}^{FIS} > \pi_{M4}^{NIS}$；如果 $Q_{42} < Q_4^k < Q_4$，$\pi_{M4}^{FIS} < \pi_{M4}^{NIS}$（见图 5）。

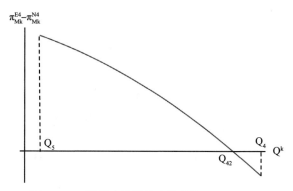

图 5　$\Delta\pi_4$ 随团购数量的变化趋势（$d_2 < 6d_1$）

定理 5 - 5 的证明

将 q_5^{BE} 代入公式（5 - 2）和公式（5 - 3），可得：

$$\pi_{M5}^{FIS} = (9Q\delta d_1 + 2d_1^2 - 9Q\delta(2a + 2cQ - 4dQ + 3Q\delta - 2d_2))/18\delta$$

$$\pi_{M5}^{NIS} = (9d_1^2 - 2Q\delta(25(a + cQ - 2dQ) + 17Q\delta) + 33Q\delta d_2$$
$$+ d_2^2 + d_1(-Q\delta + 6d_2))/50\delta$$

$\Delta\pi_5 = \pi_{M5}^{FIS} - \pi_{M5}^{NIS} = (9Q_5^k Q_5^k - 9d_1 Q_5^k \delta + 2d_1^2)/18\delta$。当 $\partial(\pi_{M5}^{FIS} - \pi_{M5}^{NIS})/\partial Q_5^k = 0$ 时，可得：$Q_{51} = d_1/2\delta < 2d_1/3\delta = Q_6$。所以，在情形 3 中，$\Delta\pi_5 = \pi_{M5}^{FIS} - \pi_{M5}^{NIS}$ 是 Q_3^k 的增函数。将 $Q_5^k = 2t_1/3\delta$ 代入 $\Delta\pi_5$，可得：$\pi_{M5}^{FIS} - \pi_{M5}^{NIS} = 0$。所以，$\pi_{M5}^{FIS} - \pi_{M5}^{NIS} > 0$。

定理 5 - 6 的证明

将 q_6^{BE} 代入公式（5 - 2）和公式（5 - 3），可得：

$$\pi_{M6}^{FIS} = \pi_{M6}^{NIS} = Q^k(d_1 + d_2 - a - (c - 2d + 2\delta)Q^k)$$

表 6 - 1 的证明

在信息不获取的情况下，计算不同情形中的订货量，可得：

在情形 2 中，FIS：q_{11}^A 受到 0 的限制，NIS：所有的订货量都是内部均衡。

$$q_{11}^A(FIS) = \frac{2d_1 - w}{3\delta} < 0$$

$$q_{11}^A(NIS) = q_{12}^A(NIS) = (7d_1 + d_2 - 4w)/12\delta > 0$$

所以，$2d_1 < w < (7d_1 + d_2)/4$。

当零售商选择信息不共享时，订货量为：$q_{11}^k = q_{12}^k = 7d_1/12\delta + d_2/12\delta - w/3\delta$，$q_{21}^k = q_{22}^k = (d_1 + 7d_2 - 4w)/12\delta$。

当零售商选择完全信息共享时，订货量为：$q_{11}^k = 0$。$q_{21}^k = q_{12}^k = (d_1 + d_2 - w)/3\delta$，$q_{22}^k = (2d_2 - w)/3\delta$。

在情形 3 中，FIS：q_{11}^A 受到 0 的限制，NIS：q_{11}^A，q_{12}^A 受到 0 的限制。

$$q_{12}^A(FIS) = q_{21}^A(FIS) = \frac{d_1 + d_2 - w}{3\delta} > 0$$

$$q_{11}^A(NIS) = q_{12}^A(NIS) = (7d_1 + d_2 - 4w)/12\delta < 0$$

所以，$(7d_1 + d_2)/4 < w < d_1 + d_2$。

当零售商选择不共享需求信息，订货量为：$q_{11}^k = q_{12}^k = 0$，$q_{21}^k = q_{22}^k = (d_1 + 3d_2 - 2w)/(5\delta)$。

当零售商选择共享需求信息，订货量为：$q_{11}^k = 0$，$q_{21}^k = q_{12}^k = (d_1 + d_2 - w)/3\delta$，$q_{22}^k = (2d_2 - w)/3\delta$。

在情形 4 中，FIS：q_{11}^A，q_{12}^A，q_{21}^A 受到 0 的限制，NIS：q_{11}^A，q_{12}^A 受到 0 的限制。

$$q_{12}^A(FIS) = q_{21}^A(FIS) = \frac{d_1 + d_2 - w}{3\delta} < 0$$

$$q_{21}^A(NIS) = q_{22}^A(NIS) = (d_1 + 3d_2 - 2w)/(5\delta) > 0$$

所以，$d_1 + d_2 < w < (d_1 + 3d_2)/2$。

当零售商选择不共享需求信息，订货量为：$q_{11}^k = q_{12}^k = 0$，$q_{21}^k = q_{22}^k = (d_1 + 3d_2 - 2w)/(5\delta)$。

当零售商选择共享需求信息，订货量为：$q_{11}^k = 0$，$q_{21}^k = q_{12}^k = 0$，$q_{22}^k = (2d_2 - w)/3\delta$。

在情形 5 中，FIS：q_{11}^A，q_{12}^A，q_{21}^A 受到 0 的限制，NIS：所有的订货量受到 0 的限制。

$$q_{22}^A(FIS) = \frac{2d_2 - w}{3\delta} > 0$$

$$q_{21}^A(NIS) = q_{22}^A(NIS) = (d_1 + 3d_2 - 2w)/(5\delta) < 0$$

所以，$(d_1 + 3d_2)/2 < w < 2d_2$。

当零售商选择不共享需求信息，订货量为：$q_{11}^k = q_{12}^k = 0$，$q_{21}^k = q_{22}^k = 0$。

当零售商选择共享需求信息，订货量为：$q_{11}^k = 0$，$q_{21}^k = q_{12}^k = 0$，$q_{22}^k = (2d_2 - w)/3\delta$。

在情形 6 中，FIS：所有的订货量受到 0 的限制，NIS：所有的订货量受到 0 的限制。

$$q_{22}^A(\mathrm{FIS}) = (2d_2 - w)/(3\delta) < 0 \quad w > 2d_2$$

当零售商选择不共享需求信息，订货量为：$q_{11}^A = 0$，$q_{12}^A = 0$，$q_{21}^A = 0$，$q_{22}^A = 0$。

当零售商选择共享需求信息，订货量为：$q_{11}^A = 0$，$q_{21}^A = 0$，$q_{12}^A = 0$，$q_{22}^A = 0$。

引理 6 – 1 的证明

$$q_{22}^k(\mathrm{FIS}) - q_{22}^k(\mathrm{NIS}) = (d_2 - d_1)/3\delta > 0$$

$$q_{22}^k(\mathrm{NIS}) - q_{21}^k(\mathrm{FIS}) = (d_2 - d_1)/4\delta > 0$$

$$q_{21}^k(\mathrm{FIS}) - q_{11}^k(\mathrm{NIS}) = (d_2 - d_1)/4\delta > 0$$

$$q_{11}^k(\mathrm{NIS}) - q_{11}^k(\mathrm{FIS}) = (d_2 - d_1)/12\delta > 0$$

由此可知：$q_{22}^k(\mathrm{FIS}) > q_{21}^k(\mathrm{NIS}) = q_{22}^k(\mathrm{NIS}) > q_{12}^k(\mathrm{FIS}) = q_{21}^k(\mathrm{FIS}) > q_{11}^k(\mathrm{NIS}) = q_{12}^k(\mathrm{NIS}) > q_{11}^k(\mathrm{FIS})$。

引理 6 – 2 的证明

将 q_1^{IE} 代入公式（6 – 2）和公式（6 – 3），可得：

$$\pi_{R1}^{NIS} = (25d_1^2 + 14d_1 d_2 + 25d_2^2 - 32(d_1 + d_2)w + 16w^2)/144\delta$$

$$\pi_{R1}^{FIS} = (3d_1^2 + 2d_1 d_2 + 3d_2^2 - 4(d_1 + d_2)w + 2w^2)/18\delta$$

所以，$\pi_{R1}^{NIS} - \pi_{R1}^{FIS} = (d_1 - d_2)^2/144\delta > 0$。类似地，由公式（6 – 5）可知 $\pi_{M1}^{NIS} = \pi_{M1}^{FIS} = (d_1 + d_2 - w)w/3\delta$。当 $\partial\pi_{R1}^{NIS}/\partial w = 0$ 时，可知：$w_1^* = (d_1 + d_2)/2$。将 w_1^* 代入利润函数可得：$\pi_{M1}^* = (d_1 + d_2)^2/12\delta$。

引理 6 – 3 的证明

将 q_2^{BE} 代入公式（6 – 2）和公式（6 – 3），可得：

$$\pi_{R2}^{NIS} = (25d_1^2 + 14d_1 d_2 + 25d_2^2 - 32(d_1 + d_2)w + 16w^2)/144\delta$$

$$\pi_{R2}^{FIS} = (3w^2 + 2d_1(-2w + d_1) + 4(-2w + d_1)d_2 + 6d_2^2)/36\delta$$

所以，$\pi_{R2}^{NIS} - \pi_{R2}^{FIS} = (4w^2 + 17d_1^2 + d_2^2 - 2d_1(8w + d_2))/144\delta$。$\partial(\pi_{R2}^{NIS} - \pi_{R2}^{FIS})/\partial w = (8w - 16d_1)/144\delta$。$\pi_{R2}^{NIS} - \pi_{R2}^{FIS}$ 是关于 w 的凹函数，在 $w = 2d_1$ 取得最小值。在极值点 $\pi_{R2}^{NIS} - \pi_{R2}^{FIS} = (d_1 - d_2)^2/144\delta > 0$。

当 $w_1 < w < w_2$，$\pi_{R2}^{NIS} - \pi_{R2}^{FIS} = (4w^2 + 17d_1^2 + d_2^2 - 16wd_1 - 2d_1d_2)/144\delta$ 随着批发价格 w 的增加而增加。由此可得：$\pi_{R2}^{NIS} - \pi_{R2}^{FIS} > 0$。

将 q_2^{BE} 代入公式（6-5），可得 $\pi_{M2}^{NIS} = w(d_1 + d_2 - w)/3\delta$，$\pi_{M2}^{FIS} = w(-3w + 2d_1 + 4d_2)/12\delta$。$\pi_{M2}^{NIS} - \pi_{M2}^{FIS} = w(2d_1 - w)/12\delta < 0$。当 $\partial\pi_{M2}^{NIS}/\partial w = 0$ 时可得：$w_2^* = (d_1 + d_2)/2$。将 w_2^* 代入利润函数可得：$\pi_{M2}^* = (d_1 + d_2)^2/12\delta$。

引理 6-4 的证明

将 q_3^{BE} 代入公式（6-2）和公式（6-3），可得：

$$\pi_{R3}^{NIS} = \frac{(-2w + d_1 + 3d_2)^2}{50\delta}$$

$$\pi_{R3}^{FIS} = \frac{3w^2 + 2d_1(-2w + d_1) + 4(-2w + d_1)d_2 + 6d_2^2}{36\delta}$$

所以，$\pi_{R3}^{NIS} - \pi_{R3}^{FIS} = -(3w - 4d_1 - 2d_2)(w + -8d_1 + 6d_2)/900\delta$。$\pi_2^{NIS} - \pi_2^{FIS}$ 是关于批发价格 w 的凹函数。将 $w = w_2$ 代入 $\pi_{R3}^{NIS} - \pi_{R3}^{FIS}$，可得：$\pi_{R3}^{NIS} - \pi_{R3}^{FIS} = 5(d_1 - d_2)^2/576\delta > 0$。将 $w = w_3$ 代入 $\pi_{R3}^{NIS} - \pi_{R3}^{FIS}$，可得：$\pi_{R3}^{NIS} - \pi_{R3}^{FIS} = -7(d_1 - d_2)^2/900\delta < 0$。当 $\pi_{R3}^{NIS} - \pi_{R3}^{FIS} = 0$ 时，可得：$w_{31} = 8d_1 - 6d_2$，$w_{32} = 2(2d_1 + d_2)/3$。计算可知：$w_{31} < w_{32}$，$w_2 < w_{32} < w_3$。所以，如果 $w_2 < w_3^* < 2(2d_1 + d_2)/3$，则 $\pi_{R3}^{NIS} > \pi_{R3}^{FIS}$；如果 $2(2d_1 + d_2)/3 < w_3^* < w_3$，则 $\pi_{R3}^{NIS} < \pi_{R3}^{FIS}$。

将 q_3^{BE} 代入公式（6-5），可得：$\pi_{M3}^{NIS} = w(d_1 + 3d_2 - 2w)/10\delta$，$\pi_{M3}^{FIS} = w(2d_1 + 4d_2 - 3w)/12\delta$。$\pi_{M3}^{NIS} - \pi_{M3}^{FIS} = w(4d_1 + 2d_2 - 3w)/60\delta$。当 $\pi_{M3}^{NIS} - \pi_{M3}^{FIS} = 0$ 时，可得：$w_{33} = (4d_1 + 2d_2)/3 = w_{32}$，$w_2 < w_{33} < w_3$。所以，如果 $w_2 < w_3^* < (4d_1 + 2d2)/3$，则 $\pi_{M3}^{NIS} < \pi_{M3}^{FIS}$；如果 $(4d_1 + 2d2)/3 < w_3^* < w_3$，则 $\pi_{M3}^{NIS} > \pi_{M3}^{FIS}$。

当 $\partial\pi_{R3}^{NIS}/\partial w = 0$ 和 $\partial\pi_{R3}^{FIS}/\partial w = 0$，可得：$w_{34} = (d_1 + 3d_2)/4$，$w_{35} = (d_1 + 2d_2)/3$。计算可知：$(d_1 + 2d_2)/3 - (d_1 + 3d_2)/4 = (d_1 - d_2)/12 < 0$，$(d_1 + 2d_2)/3 - (4d_1 + 2d_2)/3 = -d_1 < 0$。$(d_1 + 3d_2)/4 - (4d_1 + 2d_2)/3 = (d_2 - 13d_1)/12$。所以，如果 $13d_1 < d_2$，制造商的最优定价为：$w_3^* = 2(2d_1 + d_2)/3$，对应的最大利润为：$\pi_{M3}^* = (d_2 - d_1)(2d_1 + d_2)/9\delta$。如果 $13d_1 > d_2$，制造商的最优定价为：$w_3^* = (d_1 + 3d_2)/4$，对应的最大利润为：$\pi_{M3}^* = (d_1 + 3d_2)^2/80\delta$。

引理 6 - 5 的证明

将 q_4^{BE} 代入公式（6 - 2）和公式（6 - 3），可得：

$$\pi_{R4}^{NIS} = (d_1 + 3d_2 - 2w)^2/50\delta$$

$$\pi_{R4}^{FIS} = (w - 2d_2)^2/36\delta$$

所以，$\pi_{R4}^{FIS} - \pi_{R4}^{NIS} = (18(d_1 + 3d_2 - 2w)^2 - 25(w - 2d_2)^2)/900\delta$。$\pi_{R4}^{NIS} - \pi_{R4}^{FIS}$ 是关于批发价格 w 的凸函数。将 $w = w_3$ 代入 $\pi_{R4}^{FIS} - \pi_{R4}^{NIS}$，可得：$\pi_{R4}^{FIS} - \pi_{R4}^{NIS} = 7(d_1 - d_2)^2/900\delta > 0$。将 $w = w_4$ 代入 $\pi_{R4}^{FIS} - \pi_{R4}^{NIS}$，可得：$\pi_{R4}^{FIS} - \pi_{R4}^{NIS} = (d_1 - d_2)^2/144\delta > 0$。计算可知 $\pi_{R4}^{NIS} - \pi_{R4}^{FIS} < 0$。

将 q_4^{BE} 代入公式（6 - 5），可得：$\pi_{M4}^{NIS} = w(d_1 + 3d_2 - 2w)/10\delta$，$\pi_{M4}^{FIS} = (2d_2 - w)w/12\delta$。$\pi_{M4}^{NIS} - \pi_{M4}^{FIS} = w(17w - 6d_1 - 28d_2)/60\delta < 0$。当 $\partial \pi_{R4}^{FIS}/\partial w = 0$，可得 $w_4^* = d_2 < w_3$。所以，制造商的最大利润不会在情形 4 中取得。

引理 6 - 6 的证明

将 q_5^{BE} 代入公式（6 - 2）和公式（6 - 3），可得：

$$\pi_{R5}^{NIS} = 0$$

$$\pi_{R5}^{FIS} = (w - 2d_2)^2/36\delta$$

所以，$\pi_{R5}^{FIS} > \pi_{R5}^{NIS}$。类似地，由公式（6 - 5）计算可知：$\pi_{M5}^{NIS} = 0$，$\pi_{M5}^{FIS} = w(2d_2 - w)/12\delta$，$\pi_{M5}^{NIS} < \pi_{M5}^{FIS}$。当 $\partial \pi_{R5}^{FIS}/\partial w = 0$ 时，可知：$w_5^* = d_2 < w_4$。所以，制造商的最大利润不会在情形 5 中取得。

引理 6 - 7 的证明

在情形 6 中，零售商所有的订货量都受到限制绑定在 0 上。计算可知：$\pi_{R6}^{NIS} = \pi_{R6}^{FIS} = 0$，$\pi_{M6}^{NIS} = \pi_{M6}^{FIS} = 0$。所以，制造商的最大利润为 0。

定理 6 - 1 的证明

由引理 6 - 2 和引理 6 - 3 可知：$\pi_{M1}^* = \pi_{M2}^* = (d_1 + d_2)^2/12\delta$，$w_1^* = w_2^* = (d_1 + d_2)/2$。引理 6 - 4 表明如果 $d_2 > 13d_1$，$\pi_{M3}^* = (d_1 - d_2)(2d_1 + d_2)/9\delta$，否则，$\pi_{M3}^* = (d_1 + 3d_2)^2/80\delta$。引理 6 - 5、引理 6 - 6 和引理 6 - 7 表明制造商的最大利润不会在情形 4、情形 5 和情形 6 中取得。比较 π_{M2}^* 和 π_{M3}^*，当 $(d_1 + d_2)^2/12\delta > (d_1 + 3d_2)^2/80\delta$，可得：$d_2 < 3.7845d_1$。所以，如果 $d_2 < 3.7845d_1$，零售商的最大利润为：$\pi_R^{NIA} = (13d_1^2 - 10d_1d_2 + 13d_2^2)/144\delta$。制造商的最优批发价格为 $w = (d_1 + d_2)/2$，最大利润为：$\pi_M^{NIA} = (d_1 + d_2)^2/12\delta$。供应链的最大利润为：$\Pi^{NIA} = (19d_1^2 + 2d_1d_2 + 19d_2^2)/72\delta$。

如果 $3.7845d_1 < d_2 < 13d_1$，零售商的最大利润为 $\pi_R^{NIA} = (d_1 + 3d_2)^2/200\delta$。制造商的最优批发价格为 $w = (d_1 + 3d_2)/4$，最大利润为 $\pi_M^{NIA} = (d_1 + 3d_2)^2/80\delta$。供应链的最大利润为 $\Pi^{NIA} = 9(d_1 + 3d_2)^2/400\delta$。

如果 $13d_1 < d_2$，零售商的最大利润为 $\pi_R^{NIA} = (d_1 - d_2)^2/18\delta$，制造商的最优批发价格为 $w = 2(2d_1 + d_2)/3$，最大利润为 $\pi_M^{NIA} = (d_2 - d_1)(2d_1 + d_2)/9\delta$。供应链的最大利润为 $\Pi^{NIA} = -(d_1 - d_2)(d_1 + 2d_2)/9\delta$。

定理 6 - 2 的证明

将最优的订货量代入公式（6 - 2），可得：

$$\pi_{R11} = -\frac{(-2d_1 + w_{11})(2d_1 - w_{11} + 2(-2d_1 + w_{11})/3)}{3\delta}$$

$$\pi_{R12} = -\frac{(d_1 + d_2 - w_{12})(d_1 + d_2 - 2(d_1 + d_2 - w_{12})/3 - w_{12})}{3\delta}$$

$$\pi_{R21} = \frac{(d_2 + d_1 - w_{21})(d_1 + d_2 - 2(d_1 + d_2 - w_{21})/3 - w_{21})}{3\delta}$$

$$\pi_{R22} = -\frac{(-2d_2 + w_{22})(2d_2 - w_{22} + 2(-2d_2 + w_{22})/3)}{3\delta}$$

$$\pi_R = \frac{6d_1^2 + 6d_2^2 + w_{11}^2 + w_{12}^2 + w_{21}^2 + w_{22}^2 + d_1(4d_2 - 2(2w_{11} + w_{12} + w_{21})) - 2d_2(2w_{22} + w_{12} + + w_{21})}{36\delta}$$

将最优的订货量代入公式（6 - 5），可得：

$$\pi_{M11} = \frac{w_{11}(2d_1 - w_{11})}{3\delta}$$

$$\pi_{M12} = \frac{w_{12}(d_1 + d_2 - w_{12})}{3\delta}$$

$$\pi_{M21} = \frac{w_{21}(d_1 + d_2 - w_{21})}{3\delta}$$

$$\pi_{M22} = \frac{w_{22}(2d_2 - w_{22})}{3\delta}$$

当 $\partial\pi_{M11}/\partial w_{11} = 0$，可知 $w_{11}^* = d_1$。类似地，计算可得：$w_{12}^* = (d_1 + d_2)/2$，$w_{21}^* = (d_2 + d_1)/2$，$w_{22}^* = d_2$。

所以，$\pi_M^{FIA} = \dfrac{3d_1^2 + 2d_1 d_2 + 3d_2^2}{72\delta}$，$\pi_R^{FIA} = \dfrac{3d_1^2 + 2d_1 d_2 + 3d_2^2}{72\delta}$，$\Pi^{FIA} = \pi_M^{FIA} +$

$$2\pi_R^{FIA} = \frac{5(3d_1^2 + 2d_1d_2 + 3d_2^2)}{72\delta}。$$

定理 6 - 3 的证明

当 $d_2 < 3.7845d_1$ 时,

$$\pi_R^{FIA*} - \pi_R^{NIA*} = \frac{3d_1^2 + 2d_1d_2 + 3d_2^2}{72\delta} - \frac{13d_1^2 - 10d_1d_2 + 13d_2^*}{144\delta} = -\frac{7(d_1 - d_2)^2}{144\delta} < 0$$

$$\pi_M^{FIA*} - \pi_M^{NIA*} = \frac{3d_1^2 + 2d_1d_2 + 3d_2^2}{24\delta} - \frac{(d_1 + d_2)^2}{12\delta} = \frac{(d_1 - d_2)^2}{24\delta} > 0$$

$$\Pi^{FIA*} - \Pi^{NIA*} = \frac{5(3d_1^2 + 2d_1d_2 + 3d_2^2)}{72\delta} - \frac{19d_1^2 + 2d_1d_2 + 19d_2^2}{72\delta} = -\frac{(d_1 - d_2)^2}{18\delta} < 0$$

当 $3.7845d_1 < d_2 < 13d_1$ 时

$$\pi_R^{FIA*} - \pi_R^{NIA*} = \frac{3d_1^2 + 2d_1d_2 + 3d_2^2}{72\delta} - \frac{(d_1 + 3d_2)^2}{200\delta} = \frac{(3d_1 - d_2)(11d_1 + 3d_2)}{900\delta} < 0$$

$$\pi_M^{FIA*} - \pi_M^{NIA*} = \frac{3d_1^2 + 2d_1d_2 + 3d_2^2}{24\delta} - \frac{(d_1 + 3d_2)^2}{80\delta} = \frac{27d_1^2 + 2d_1d_2 + 3d_2^2}{240\delta} > 0$$

$$\Pi^{FIA*} - \Pi^{NIA*} = \frac{5(3d_1^2 + 2d_1d_2 + 3d_2^2)}{72\delta} - \frac{9(d_1 + 3d_2)^2}{400\delta} = \frac{669d_1^2 + 14d_1d_2 + 21d_2^2}{3600\delta} > 0$$

当 $13d_1 < d_2$ 时,

$$\pi_R^{FIA*} - \pi_R^{NIA*} = \frac{3d_1^2 + 2d_1d_2 + 3d_2^2}{72\delta} - \frac{(d_1 - d_2)^2}{18\delta} = -\frac{d_1^2 - 10d_1d_2 + d_2^2}{72\delta} < 0$$

$$\pi_M^{FIA*} - \pi_M^{NIA*} = \frac{3d_1^2 + 2d_1d_2 + 3d_2^2}{24\delta} - \frac{(d_1 - d_2)(2d_1 + d_2)}{9\delta} = \frac{25d_1^2 - 2d_1d_2 + d_2^2}{72\delta} > 0$$

$$\Pi^{FIA*} - \Pi^{NIA*} = \frac{5(3d_1^2 + 2d_1d_2 + 3d_2^2)}{72\delta} + \frac{(d_1 - d_2)(d_1 + 2d_2)}{9\delta} = \frac{23d_1^2 + 18d_1d_2 - d_2^2}{72\delta}$$

如果 $\frac{23d_1^2 + 18d_1d_2 - d_2^2}{72\delta} > 0$, $d_2 < (9 + 2\sqrt{26})d_1$。

引理 6 - 8 的证明

$q_{22}^k(FIS) - q_{21}^k(NIS) = (2 + \theta)(d_2 - d_1)/4(2 - \theta) > 0$, 可得: $q_{22}^k(FIS) > q_{21}^k(NIS)$。同理:

$$q_{21}^k(NIS) - q_{12}^k(FIS) = (d)_2 - d_1)/4 > 0,$$

$$q_{12}^k(FIS) - q_{11}^k(NIS) = (d)_2 - d_1)/4 > 0,$$

$$q_{11}^k(NIS) - q_{11}^k(FIS) = (2 + \theta)(d_2 - d_1)/4(2 - \theta) > 0。$$

引理 6－9 的证明

将 q_1^{IE} 代入公式（6－2）和公式（6－3），可得：

$$\pi_{R1}^{NIS} = (16w^2(1-\theta)^2 + (20 - (4-\theta)\theta)(d_1^2 + d_2^2) - 32w(1-\theta)d_2$$
$$+ 2d_1((6-\theta)(2+\theta)d_2 - 16w(1-\theta)))/16(2-\theta)^2$$

$$\pi_{R1}^{FIS} = (2w^2(1-\theta)^2 + 3d_1^2 - 4w(1-\theta)d_2 + 3d_2^2 + 2d_1(d_2 - 2w(1-\theta)))/2(2-\theta)^2$$

$$\pi_{R1}^{NIS} - \pi_{R1}^{FIS} = \frac{(\theta^2 - 4\theta - 4)(d_1 - d_2)^2}{16(2-\theta)^2} < 0$$

类似地，由公式（6－5）可知，制造商在零售商在完全信息共享和不共享时的利润均为：$\pi_{M1} = w(d_2 - w(1-\theta)d_1)/(2-\theta)$。由 $\partial\pi_{M1}/\partial w = 0$，可求得：$w_1^* = (d_1 + d_2)/2(1-\theta)$。将 w_1^* 代入利润函数，可知：$\pi_{M1}^* = (d_1 + d_2)^2/4(2-\theta)(1-\theta)$。

$w_1^* = (d_1 + d_2)/2(1-\theta) > 0$。$w_1^* - w_1 = (d_2 - 3d_1)/2(1-\theta) > 0$。所以，当 $d_2 < 3d_1$ 时，$w_1^* < w_1$，制造商的最优批发价格为：$w_1^* = (d_1 + d_2)/2(1-\theta)$，其对应的最大利润为：$\pi_{M1}^* = (d_1 + d_2)^2/4(2-\theta)(1-\theta)$。

引理 6－10 的证明

将均衡订货量代入公式（6－2）和公式（6－3），可得：

$$\pi_{R1}^{NIS} = \pi_{R2}^{NIS} = 16w^2(1-\theta)^2 + (20 - (4-\theta)\theta)(d_1^2 + d_2^2) - 32w(1-\theta)d_2$$
$$+ 2d_1((6-\theta)(2+\theta)d_2 - 16w(1-\theta))/16(2-\theta)^2$$

$$\pi_{R3}^{NIS} = ((\theta+1)d_1 + (3-\theta)d_2)^2 - 2w(1-\theta))/2(4-3\theta)^2$$

$$\pi_{R5}^{NIS} = \pi_{R6}^{NIS} = 0$$

$$\pi_{R1}^{FIS} = (2w^2(1-\theta)^2 + 3d_1^2 - 4w(1-\theta)d_2 + 3d_2^2 + 2d_1(d_2 - 2w(1-\theta)))/2(2-\theta)^2$$

$$\pi_{R2}^{FIS} = \pi_{R3}^{FIS} = (3w^2(1-\theta)^2 + 2d_1^2 - 8w(1-\theta)d_2 + 6d_2^2$$
$$+ 4d_1(d_2 - w(1-\theta)))/4(2-\theta)^2$$

$$\pi_{R4}^{FIS} = \pi_{R5}^{FIS} = \frac{(2d_2 - w(1-\theta))^2}{4(2-\theta)^2}$$

$$\pi_{R6}^{FIS} = 0$$

$$\pi_{M1}^{NIS} = \pi_{M2}^{NIS} = \frac{w(d_2 - w(1-\theta)d_1)}{2-\theta}$$

$$\pi_{M3}^{NIS} = \pi_{M4}^{NIS} = \frac{w((1+\theta)d_1 - 2w(1-\theta) + (3-\theta)d_2)}{8-6\theta}$$

$$\pi_{M5}^{NIS} = \pi_{M6}^{NIS} = 0$$

$$\pi_{M1}^{FIS} = \frac{w(d_2 - w(1-\theta)d_1)}{2-\theta}$$

$$\pi_{M2}^{FIS} = \pi_{M3}^{FIS} = \frac{w(2d_1 - 3w(1-\theta) + 4d_2)}{4(2-\theta)}$$

$$\pi_{M4}^{FIS} = \pi_{M5}^{FIS} = \frac{w(w(1-\theta) - 2d_2)}{4(2-\theta)}$$

$$\pi_{M6}^{FIS} = 0$$

由引理 6 - 2 可知，$\pi_{R1}^{NIS} < \pi_{R1}^{FIS}$。$\pi_{R2}^{NIS} - \pi_{R2}^{FIS} = (4w^2(1-\theta)^2 + (12 - (4-\theta)\theta)d_1^2 + (\theta^2 - 4\theta - 4)d_2^2 - 2d_1(8w(1-\theta) - (4 + (4-\theta)\theta)d_2))/16(2-\theta)^2$。将 w_1 代入 $\pi_{R2}^{NIS} - \pi_{R2}^{FIS}$，可得 $\pi_{R2}^{NIS} - \pi_{R2}^{FIS} = (\theta^2 - 4\theta - 4)(d_1 - d_2)^2/16(2-\theta)^2 < 0$。再将 w_2 代入 $\pi_{R2}^{NIS} - \pi_{R2}^{FIS}$，可得 $\pi_{R2}^{NIS} - \pi_{R2}^{FIS} = (5\theta^2 - 12\theta - 12)(d_1 - d_2)^2/64(2-\theta)^2 < 0$。所以，当 $w_1 < w < w_2$ 时，$\pi_{R2}^{NIS} < \pi_{R2}^{FIS}$。同理，计算可得 $\pi_{R3}^{NIS} < \pi_{R3}^{FIS}$，$\pi_{R4}^{NIS} < \pi_{R4}^{FIS}$，$\pi_{R5}^{NIS} < \pi_{R5}^{FIS}$ 和 $\pi_{R6}^{NIS} < \pi_{R6}^{FIS}$。

定理 6 - 4 的证明

由引理 6 - 2 可得到，在情形 1 中，当且仅当 $d_2 < 3d_1$ 时，$w_1^* = (d_1 + d_2)/2(1-\theta)$ 时，$\pi_{M1}^* = (d_1 + d_2)^2/4(2-\theta)(1-\theta)$。

在情形 2 和情形 3 中，$\pi_R^{FIS} - \pi_R^{NIS} > 0$。由 $\partial\pi_{M2}^{FIS}/\partial w = 0$，可知：$w_2^* = w_3^* = (d_1 + 2d_2)/3(1-\theta)$ 将 w_2^* 代入利润函数，可得：$\pi_{M2}^* = \pi_{M3}^* = (d_1 + 2d_2)^2/12(2-\theta)(1-\theta)$。$w_3 - w_2^* = (2d_1 + d_2)/3(1-\theta) > 0$ 并且 $w_2^* - w_1 = (2d_2 - 5d_1)/3(1-\theta)$。当 $d_2 > 2.5d_1$ 时，$w_2 > w_2^*$。所以，当且仅当 $d_2 > 2.5d_1$ 时，$w_2^* = (d_1 + 2d_2)/3(1-\theta)$，$\pi_{M2}^* = (d_1 + 2d_2)^2/12(2-\theta)(1-\theta)$。

在情形 4 和情形 5 中，$\pi_R^{FIS} - \pi_R^{NIS} > 0$。当 $\partial\pi_{M4}^{FIS}/\partial w = 0$，得到：$w_4^* = w_5^* = d_2/(1-\theta)$。$w_4^* - w_3 = d_1/3(1-\theta) < 0$。因此，制造商的最大利润不会在情形 4 和情形 5 中取得。

在情形 6 中，$\pi_{M6}^* = 0$。显然，制造商的最大利润不会在情形 4、情形 5 和情形 6 中取得。

比较 π_{M1}^* 和 π_{M2}^*，可得：$\pi_{M2}^* - \pi_{M1}^* = (d_2^2 - 2d_1^2 - 2d_1d_2)/12(2 - 3\theta + \theta^2)$。当 $d_2 < (1 + \sqrt{3})d_1$ 时，$\pi_{M2}^* - \pi_{M1}^* < 0$；当 $d_2 > (1 + \sqrt{3})d_1$ 时，$\pi_{M2}^* - \pi_{M1}^* > 0$。

定理 6-5 的证明

将最优订货量代入公式（6-6），可得：

$$\pi_{R11} = \frac{(w_{11}(1-\theta) - 2d_1)^2}{(2-\theta)^2}$$

$$\pi_{R12} = \frac{(w_{12}(1-\theta) - d_1 - d_2)^2}{(2-\theta)^2}$$

$$\pi_{R21} = \frac{(w_{13}(1-\theta) - d_1 - d_2)^2}{(2-\theta)^2}$$

$$\pi_{R22} = \frac{(w_{14}(1-\theta) - 2d_2)^2}{(2-\theta)^2}$$

$$\pi_R^{FIA} = ((w_{11}(1-\theta) - 2d_1)^2 + 2(w_{12}(1-\theta) - d_1 - d_2)^2$$
$$+ (w_{14}(1-\theta) - 2d_2)^2)/4(2-\theta)^2$$

将最优订货量代入公式（6-7），可得：

$$\pi_{M11} = \frac{w_{11}(w_{11}\theta + 2d_1 - w_{11})}{2-\theta}$$

$$\pi_{M12} = \frac{w_{12}(d_1 + d_2 + w_{12}\theta - w_{12})}{2-\theta}$$

$$\pi_{M21} = \frac{w_{21}(d_1 + d_2 + w_{21}\theta - w_{21})}{2-\theta}$$

$$\pi_{M22} = \frac{w_{22}(2d_2 + w_{22}\theta - w_{22})}{2-\theta}$$

由 $\partial\pi_{M11}/\partial w_{11} = 0$，可得：$w_{11}^* = d_1/(1-\theta)$。类似地，可求出 $w_{12}^* = d_1 + d_2/2(1-\theta)$，$w_{21}^* = d_1 + d_2/2(1-\theta)$，$w_{22}^* = d_2/(1-\theta)$。所以，可计算出制造商、零售商和供应量的利润。

$$\pi_M^{FIA} = \frac{3d_1^2 + 2d_1d_2 + 3d_2^2}{8(2 - 3\theta + \theta^2)}$$

$$\pi_R^{FIA} = \frac{3d_1^2 + 2d_1d_2 + 3d_2^2}{8(2-\theta)^2}$$

$$\Pi^{FIA} = \frac{(3 - 2\theta)(3d_1^2 + 2d_1d_2 + 3d_2^2)}{8(2-\theta)^2(1-\theta)}$$

定理 6-6 的证明

当 $d_2 < (1 + \sqrt{3})d_1$ 时，

$$\pi_R^{FIA} - \pi_R^{NIA} = -\frac{3(d_1 - d_2)^2}{8(2-\theta)^2} < 0$$

$$\pi_M^{FIA} - \pi_M^{NIA} = \frac{(d_1 - d_2)^2}{8(2-\theta)(1-\theta)} > 0$$

$$\Pi^{FIA} - \Pi^{NIA} = \frac{(2\theta-1)(d_1-d_2)^2}{8(2-\theta)^2(1-\theta)}$$

所以，如果 $0 < \theta < 0.5$，$\Pi^{FIA} > \Pi^{NIA}$；如果 $0.5 < \theta < 1$，$\Pi^{FIA} < \Pi^{NIA}$。

当 $d_2 > (1+\sqrt{3})d_1$ 时，

$$\pi_R^{FIA} - \pi_R^{NIA} = \frac{d_1^2 + 2d_1 d - 2 - d_2^2}{8(2-\theta)^2} < 0$$

$$\pi_M^{FIA} - \pi_M^{NIA} = \frac{7d_1^2 - 2d_1 d_2 + d_2^2}{24(2-\theta)(1-\theta)} > 0$$

$$\Pi^{FIA} - \Pi^{NIA} = ((10\theta-17)d_1^2 - 2(1-2\theta)d_1 d_2$$
$$+ (1-2\theta)d_2^2)/(8(2-\theta)^2(1-\theta))$$

所以，如果 $(1+\sqrt{3}) < d_2 < (10\theta-17)d_1/(1-2\theta-\sqrt{6}\sqrt{3-8\theta+4\theta^2})$，$\Pi^{FIA} > \Pi^{NIA}$；如果 $d_2 > (10\theta-17)d_1/(1-2\theta-\sqrt{6}\sqrt{3-8\theta+4\theta^2})$，$\Pi^{FIA} < \Pi^{NIA}$。

综上所述，可得出如果 $0 < \theta < 0.5$，当且仅当 $(1+\sqrt{3})d_1 < d_2 < (10\theta-17)d_1/(1-2\theta-\sqrt{6}\sqrt{3-8\theta+4\theta^2})$ 时，$\Pi^{FIA} > \Pi^{NIA}$；如果 $0.5 < \theta < 1$，则 $\Pi^{FIA} > \Pi^{NIA}$。

引理 6 – 11 的证明

将内部均衡解代入公式（6 – 7）和公式（6 – 8），可计算出：

$$\pi_{RA}^{AN} = \pi_{RB}^{AN} = (7d_1 + d_2 - 4w_{11})^2/144\delta$$

$$\pi_M^{AN} = w_{11}(7d_1 + d_2 - w_{11})/6\delta$$

在边界均衡下，$\pi_{RA}^{AN} = \pi_{RB}^{AN} = 0$，$\pi_M^{AN} = 0$；当 $\partial\pi_M^{AN}/\partial w = 0$ 时，可计算得出 $w_{11}^* = (7d_1 + d_2)/8$。$w_{11}^*$ 总是小于 $(7d_1 + d_2)/4$。将 w_{11}^* 代入利润函数，可计算出：

$$\pi_{RA}^{AN*} = \pi_{RB}^{AN*} = (7d_1 + d_2)^2/576\delta$$

$$\pi_M^{AN*} = (7d_1 + d_2)^2/96\delta$$

$$\Pi^{AN*} = (7d_1 + d_2)^2/72\delta$$

引理 6 – 12 的证明

将内部均衡解代入公式（6 – 7）和公式（6 – 8），可计算得出：

$$\pi_{RA}^{AN} = (7d_1 + d_2 - 4w_{12})^2/144\delta$$

$$\pi_{RB}^{AN} = (d_1 + 7d_2 - 4w_{12})^2/144\delta$$

$$\pi_M^{AN} = 2w_{12}(d_1 + d_2 - w_{12})/6\delta$$

当 $\partial\pi_M^{AN}/\partial w = 0$ 时，可以得到：$w_{12}^* = (d_1 + d_2)/2$。如果 $w_{12}^* < (7d_1 + d_2)/4$，可知 $d_2 < 5d_1$。将 w_{12}^* 代入利润函数，可得：

$$\pi_{RA}^{AN*} = (d_2 - 5d_2)^2/144\delta$$

$$\pi_{RB}^{AN*} = (d_1 - 5d_2)^2/144\delta$$

$$\pi_M^{AN*} = (d_1 + d_2)^2/6\delta$$

$$\Pi^{AN*} = (25d_1^2 + 14d_1d_2 + 25d_2^2)/72\delta$$

在边界均衡下：

$$\pi_{RA}^{AN} = 0$$

$$\pi_{RB}^{AN} = (d_1 + 3d_2 - 2w_{12})^2/25\delta$$

$$\pi_M^{AN} = w_{12}(d_1 + 3d_2 - 2w_{12})/5\delta$$

当 $\partial\pi_M^{AN}/\partial w = 0$ 时，可得到：$w_{12}^* = (d_1 + d_2)/2$。如果 $(7d_1 + d_2)/4 < w_{12}^* < (d_1 + 3d_2)/2$ 时，可知：$d_2 > 3d_1$。将 w_{12}^* 代入利润函数，可得：

$$\pi_{RA}^{AN*} = 0$$

$$\pi_{RB}^{AN*} = (d_1 + 3d_2)^2/100\delta$$

$$\pi_M^{AN*} = (d_1 + 3d_2)^2/40\delta$$

$$\Pi^{AN*} = 7(d_1 + 3d_2)^2/200\delta$$

当 $3d_1 < d_2 < 5d_1$ 时，比较制造商在内部均衡和边界均衡下的利润可知：如果 $d_2 < 3.78d_1$，制造商的内部均衡解为最优解。如果 $d_2 > 3.78d_1$，制造商在边界均衡的情况下为最大利润。

引理 6 – 13 的证明

引理 6 – 13 的证明与引理 6 – 12 类似。

引理 6 – 14 的证明

将内部均衡解代入公式（6 – 7）和公式（6 – 8），可得到：

$$\pi_{RA}^{AN} = \pi_{RB}^{AN} = (d_1 + 7d_2 - 4w_{22})^2/144\delta$$

$$\pi_M^{AN} = w_{22}(d_1 + 7d_2 - 4w_{22})/6\delta$$

当 $\partial\pi_M^{AN}/\partial w = 0$ 时，可得：$w_{22}^* = (d_1 + 7d_2)/8$。如果 $w_{22}^* < (7d_1 + d_2)/4$，可知：$d_2 < 2.6d_1$。将 w_{22}^* 代入利润函数，可得：$\pi_{RA}^{AN*} = \pi_{RB}^{AN*} = (d_1 + 7d_2)^2/$

576δ，$\pi_M^{AN*}=(d_1+7d_2)^2/96\delta$ 和 $\Pi^{AN*}=(d_1+7d_2)^2/72\delta$。

在边界均衡下：

$$\pi_{RA}^{AN}=\pi_{RB}^{AN}=(d_1+3d_2-2w_{22})^2/25\delta$$
$$\pi_M^{AN}=2w_{22}(d_1+3d_2-2w_{22})/5\delta$$

当 $\partial\pi_M^{AN}/\partial w=0$ 时，可得：$w_{22}^*=(d_1+3d_2)/4$。如果 $(7d_1+d_2)/4<w_{22}^*<(d_1+3d_2)/2$，可知：$d_2>3d_1$。将 w_{22}^* 代入利润函数，可得：

$$\pi_{RA}^{AN*}=\pi_{RB}^{AN*}=(d_1+3d_2)^2/100\delta$$
$$\pi_M^{AN*}=(d_1+3d_2)^2/20\delta$$
$$\Pi^{AN*}=7(d_1+3d_2)^2/100\delta$$

当 $2.6d_1<d_2<3d_1$ 时，$w_{22}^*=(7d_1+d_2)/4$。将 w_{22}^* 代入利润函数，可得：$\pi_{RA}^{AN*}=\pi_{RB}^{AN*}=(d_1-d_2)^2/4\delta$，$\pi_M^{AN*}=(d_2-d_1)(7d_1+d_2)^2/4\delta$ 以及 $\Pi^{AN*}=(d_2-d_1)(5d_1+3d_2)^2/4\delta$。

引理 6-15 的证明

当 $d_2<2.6d_1$ 时，$\pi_M^{FIA}-\pi_M^{NIA}=\dfrac{41d_1^2+46d_1d_2+41d_2^2}{192\delta}-\dfrac{(d_1+d_2)^2}{6\delta}=\dfrac{3(d_1-d_2)^2}{64\delta}>0$；

当 $2.6d_1<d_2<3d_1$ 时，可得 $\pi_M^{FIA}-\pi_M^{NIA}=\dfrac{-29d_1^2+74d_1d_2+19d_2^2}{128\delta}-\dfrac{(d_1+d_2)^2}{6\delta}=\dfrac{94d_1d_2-151d_1^2-7d_2^2}{384\delta}>0$；

当 $3d_1<d_2<3.78d_1$ 时，$\pi_M^{FIA}-\pi_M^{NIA}=\dfrac{143d_1^2+178d_1d_2+127d_2^2}{128\delta}-\dfrac{(d_1+d_2)^2}{6\delta}=\dfrac{109d_1^2-106d_1d_2+61d_2^2}{192\delta}>0$；

当 $3.78d_1<d_2<13d_1$ 时，$\pi_M^{FIA}-\pi_M^{NIA}=\dfrac{293d_1^2+358d_1d_2+437d_2^2}{128\delta}-\dfrac{(d_1+3d_2)^2}{40\delta}=\dfrac{(7d_1+d_2)^2}{384\delta}>0$；

当 $d_2>13d_1$ 时，$\pi_M^{FIA}-\pi_M^{NIA}=\dfrac{293d_1^2+358d_1d_2+437d_2^2}{128\delta}-\dfrac{2(d_2-d_1)(2d_1+d_2)}{9\delta}=\dfrac{(3439d_1^2-206d_1d_2+31d_2^2)}{5760\delta}>0$；所以，制造商更倾

向于获取零售商的信息。

当 $d_2 < 2.6d_1$ 时，$\pi_R^{FIA} - \pi_R^{NIA} = -3(d_1 - d_2)^2/128\delta < 0$；

当 $2.6d_1 < d_2 < 3d_1$ 时，$\pi_R^{FIA} - \pi_R^{NIA} = (89d_1^2 - 194d_1d_2 + 41d_2^2)/2304\delta < 0$；

当 $3d_1 < d_2 < 3.78d_1$ 时，$\pi_R^{FIA} - \pi_R^{NIA} = -(1231d_1^2 - 3214d_1d_2 + 1279d_2^2)/576600\delta < 0$；

当 $3.78d_1 < d_2 < 13d_1$ 时，$\pi_R^{FIA} - \pi_R^{NIA} = (7d_1 + d_2)^2/2304\delta > 0$；

当 $d_2 > 13d_1$ 时，$\pi_R^{FIA} - \pi_R^{NIA} = (89d_1^2 - 194d_1d_2 + 41d_2^2)/576600\delta < 0$；如果 $13d_1 < d_2 < 14.34d_1$，$\pi_R^{FIA} > \pi_R^{NIA}$。如果 $d_2 > 14.34d_1$，$\pi_R^{FIA} < \pi_R^{NIA}$。

所以，当 $13d_1 < d_2 < 14.34d_1$ 时，$\pi_R^{FIA} > \pi_R^{NIA}$，否则 $\pi_R^{FIA} < \pi_R^{NIA}$。

当 $d_2 < 2.6d_1$ 时，$\Pi^{FIA} - \Pi^{NIA} = 0$；

当 $2.6d_1 < d_2 < 3d_1$ 时，$\Pi^{FIA} - \Pi^{NIA} = -(13d_1 - 5d_2)(7d_1 + d_2)/288\delta > 0$；

当 $3d_1 < d_2 < 3.78d_1$ 时，$\Pi^{FIA} - \Pi^{NIA} = (101d_1^2 + 406d_1d_2 - 91d_2^2)/7200\delta > 0$；

当 $3.78d_1 < d_2 < 13d_1$ 时，$\Pi^{FIA} - \Pi^{NIA} = (7d_1 + d_2)^2/288\delta > 0$；

当 $d_2 > 13d_1$ 时，$\Pi^{FIA} - \Pi^{NIA} = (3877d_1^2 + 1862d_1d_2 - 107d_2^2)/7200\delta$；如果 $13d_1 < d_2 < 19.28d_1$，$\Pi^{FIA} > \Pi^{NIA}$。如果 $d_2 > 19.28d_1$，$\Pi_R^{FIA} < \Pi_R^{NIA}$。

所以，当 $d_2 < 2.6d_1$ 时，$\Pi_R^{FIA} = \Pi_R^{NIA}$；当 $13d_1 < d_2 < 19.28d_1$，$\Pi^{FIA} > \Pi^{NIA}$。当 $d_2 > 19.28d_1$ 时，$\Pi_R^{FIA} < \Pi_R^{NIA}$。

定理 6 – 7 的证明

基于公式（6 – 10），由引理 6 – 11 至引理 6 – 14 可得到定理 6 – 7。

引理 6 – 16 的证明

将内部均衡解代入公式（6 – 7）和公式（6 – 8），可得：

$$\pi_{RA}^{AN} = \pi_{RB}^{AN} = (4w_{11}(\theta - 1) - (\theta - 6)d_1 + (\theta + 2)d_2)^2/16(\theta - 2)^2$$

$$\pi_M^{AN} = w_{11}((\theta - 6)d_1 - (\theta + 2)d_2 - 4w_{11}(\theta - 1))/2(\delta - 2)$$

在边界均衡下，$\pi_{RA}^{AN} = \pi_{RB}^{AN} = 0$ 和 $\pi_M^{AN} = 0$；当 $\partial\pi_M^{AN}/\partial w = 0$ 时，可得：$w_{11}^* = ((\theta - 6)d_1 - (\theta + 2)d_2)/8(\theta - 2)$。$w_{11}^*$ 总是小于 $((\theta - 6)d_1 - (\theta + 2)d_2)/4(\theta - 1)$。将 w_{11}^* 代入利润函数，可得：

$$\pi_{RA}^{AN*} = \pi_{RB}^{AN*} = ((\theta - 6)d_1 - (\theta + 2)d_2)^2/64(\theta - 2)^2$$

$$\pi_M^{AN*} = ((\theta - 6)d_1 - (\theta + 2)d_2)^2/(32(\theta - 2)(\theta - 1))$$

$$\Pi^{AN*} = (2\theta - 3)((\theta - 6)d_1 - (\theta + 2)d_2)^2/(32(\theta - 2)^2(\theta - 1))$$

引理 6 – 17 的证明

将内部均衡解代入公式（6 – 7）和公式（6 – 8），可得：

$$\pi_{RA}^{AN} = (4w_{12}(\theta-1) - (\theta-6)d_1 + (2+\theta)d_2)^2/16(\theta-2)^2$$

$$\pi_{RB}^{AN} = (4w_{12}(\theta-1) - (\theta-6)d_2 + (2+\theta)d_1)^2/16(\theta-2)^2$$

$$\pi_M^{AN} = 2w_{12}(d_1 + d_2 + (\theta-1)w_{12})/(2-\theta)$$

当 $\partial\pi_M^{AN}/\partial w = 0$ 时，可知：$w_{12}^* = (d_1 + d_2)/2(1-\theta)$。$w_{12}^*$ 总是小于 $((\theta-6)d_1 - (\theta+2)d_2)/4(\theta-1)$。将 w_{12}^* 代入利润函数，可得：

$$\pi_{RA}^{AN} = ((\theta-4)d_1 - \theta d_2)^2/16(\theta-2)^2$$

$$\pi_{RB}^{AN} = (\theta d_1 - (\theta-4)d_2)^2/16(\theta-2)^2$$

$$\pi_M^{AN} = (d_1 + d_2)^2/(2(1-\theta)(2-\theta))$$

$$\Pi^{AN} = (((\theta(\theta-5)+16)\theta-16)(d_1^2 + d_2^2)$$
$$- 2(8 + (\theta-5)\theta^2)d_1 d_2)/(2(\theta-1)(2-\theta)^2)$$

在边界均衡下：

$$\pi_{RA}^{AN} = 0$$

$$\pi_{RB}^{AN} = (2w_{12}(\theta-1) - (\theta-3)d_2 + (1+\theta)d_1)^2/(4-3\theta)^2$$

$$\pi_M^{AN} = w_{12}((\theta-3)d_2 - (1+\theta)d_1 - 2w_{12}(\theta-1))/(3\theta-4)$$

当 $\partial\pi_M^{AN}/\partial w = 0$ 时，可得：$w_{12}^* = ((\theta-3)d_2 - (\theta+1)d_1)/4(\theta-1)$。如果 $((\theta-6)d_1 - (\theta+2)d_2)/4(\theta-1) < w_{12}^* < ((\theta-3)d_2 - (\theta+1)d_1)/2(\theta-1)$，可知 $d_2 > L_1 d_1$ 和 $\theta < 1/2$。将 w_{12}^* 代入利润函数，可知：

$$\pi_{RA}^{AN*} = 0$$

$$\pi_M^{AN} = (d_1 + 3d_2)((1+\theta)d_1 - (\theta-3)d_2)/(6\delta(16(1-\theta)(2-\theta)))$$

$$\pi_{RA}^{AN} = 0$$

$$\pi_{RB}^{AN} = ((1+\theta)d_1 - (\theta-3)d_2)^2/4(4-3\theta)^2$$

$$\Pi^{AN} \doteq \Pi_2$$

所以，当 $\theta > 1/2$ 或者 $\theta < 1/2$ 且 $d_2 < L_1 d_1$，内部均衡下制造商的利润为最优利润。

当 $\theta < 1/2$ 且 $d_2 > L_1 d_1$ 时，比较制造商在内部均衡和边界均衡的情形下的利润可得：如果 $\theta > 1/3$，制造商在内部均衡下的利润最优；如果 $\theta < 1/3$，制造商在边界均衡下的利润最优。

引理 6 – 18 的证明

引理 6 – 18 的证明类似于引理 6 – 17。

引理 6 – 19 的证明

将内部均衡解代入公式（6 – 7）和公式（6 – 8），可得：

$$\pi_{RA}^{AN} = \pi_{RB}^{AN} = (4w_{22}(\theta-1) - (\theta-6)d_2 + (2+\theta)d_1)^2/16(\theta-2)^2$$

$$\pi_M^{AN} = w_{22}((2+\theta)d_1 - (\theta-6)d_2 + 4(\theta-1)w_{22})/(2-\theta)$$

当 $\partial\pi_M^{AN}/\partial w = 0$ 时，可得：$w_{22}^* = ((2+\theta)d_1 + (6-\theta)d_2)/8(1-\theta)$。如果 $w_{22}^* < ((\theta-6)d_1 - (\theta+2)d_2)/4(\theta-1)$，可得：$\theta < 2/3$，$d_2 < L_2 d_1$ 或者 $\theta > 2/3$。将 w_{22}^* 代入利润函数，可得：

$$\pi_{RA}^{AN*} = \pi_{RB}^{AN*} = ((\theta+2)d_1 - (\theta-6)d_2)^2/64(\theta-2)^2$$

$$\pi_M^{AN*} = ((2+\theta)d_1 + (6-\theta)d_2)^2/(32(1-\theta)(2-\theta))$$

$$\Pi^{AN*} = \Pi_3$$

在边界均衡下：

$$\pi_{RA}^{AN} = \pi_{RB}^{AN} = (2w_{22}(\theta-1) - (\theta-3)d_2 + (1+\theta)d_1)^2/(3\theta-4)^2$$

$$\pi_M^{AN} = w_{22}((1+\theta)d_1 - (\theta-3)d_2 + 2(\theta-1)w_{22})/(3\theta-4)$$

当 $\partial\pi_M^{AN}/\partial w = 0$ 时，可得：$w_{22}^* = (\theta-3)d_2 - (\theta+1)d_1/4(\theta-1)$。如果 $((\theta-6)d_1 - (\theta+2)d_2)/4(\theta-1) < w_{12}^* < ((\theta-3)d_2 - (\theta+1)d_1)/2(\theta-1)$，可知 $d_2 > L_3 d_1$ 和 $\theta < 1/2$。将 w_{22}^* 代入利润函数，可得：

$$\pi_{RA}^{AN*} = \pi_{RB}^{AN*} = ((1+\theta)d_1 - (\theta-3)d_2)^2/4(4-3\theta)^2$$

$$\pi_M^{AN*} = (d_1 + 3d_2)((1+\theta)d_1 - (\theta-3)d_2)^2/(4(1-\theta)(4-3\theta))$$

$$\Pi^{AN*} = \Pi_5$$

当 $\theta < 1/2$ 和 $L_2 d_1 < d_2 < L_3 d_1$ 时，$w_{22}^* = (7d_1 + d_2)/4$。将 w_{22}^* 代入利润函数，可得：

$$\pi_{RA}^{AN*} = \pi_{RB}^{AN*} = (d_1 - d_2)^2/4$$

$$\pi_M^{AN} = ((d_2 - d_1)(\theta-6)d_1 - (\theta+2)d_2)/4(\theta-1)$$

$$\Pi^{AN*} = \Pi_4$$

定理 6 – 8 的证明

当 $2/3 < \theta < 1$ 时，$\pi_{Rk}^{AN} - \pi_{Rk}^{AS} = (d_1 - d_2)^2(5(4-\theta)\theta-4)/128(\theta-2)^2 < 0$。所以，信息不共享始终是零售商的占优策略。类似地，比较零售商在信息共享和信息不共享的利润，可以计算得出定理 6 – 8。

定理 6 - 9 的证明

可以证明当 $0.338 < \theta$ 时，如果 $d_2 < (1+\sqrt{3})d_1$：

$$\pi_R^{FIA} - \pi_R^{NIA} = \frac{3d_1^2 + 2d_1d_2 + 3d_2^2}{8(2-\theta)^2} - \frac{(3d_1^2 - 2d_1d_2 + 3d_2^2)}{4(2-\theta)^2} = -\frac{3(d_1-d_2)^2}{8(2-\theta)^2} < 0$$

$$\pi_M^{FIA} - \pi_M^{NIA} = \frac{3d_1^2 + 2d_1d_2 + 3d_2^2}{8(2-3\theta+\theta^2)} - \frac{(d_1+d_2)^2}{4(2-\theta)(1-\theta)} = \frac{(d_1-d_2)^2}{8(2-\theta)(1-\theta)} > 0$$

$$\Pi^{FIA} - \Pi^{NIA} = \frac{-(1-2\theta)(d_1-d_2)^2}{8(2-\theta)^2(1-\theta)}$$

计算可知，如果 $0.338 < \theta < 0.5$，$\Pi^{FIA} < \Pi^{NIA}$。如果 $0.5 < \theta < 1$，$\Pi^{FIA} > \Pi^{NIA}$。

如果 $d_2 > (1+\sqrt{3})d_1$：

$$\pi_R^{FIA} - \pi_R^{NIA} = \frac{3d_1^2 + 2d_1d_2 + 3d_2^2}{8(2-\theta)^2} - \frac{(d_1^2 + 2d_2^2)}{4(\theta-2)^2} = \frac{d_1^2 + 2d_1d - 2 - d_2^2}{8(\theta-2)^2} < 0$$

$$\pi_M^{FIA} - \pi_M^{NIA} = \frac{3d_1^2 + 2d_1d_2 + 3d_2^2}{8(2-3\theta+\theta^2)} - \frac{(d_1+2d_2)^2}{12(2-\theta)(1-\theta)} = \frac{7d_1^2 - 2d_1d_2 + d_2^2}{24(2-\theta)(1-\theta)} > 0$$

$$\Pi^{FIA} - \Pi^{NIA} = -\frac{(17-10\theta)d_1^2 + 2(1-2\theta)d_1d_2 - (1-2\theta)d_2^2}{8(2-\theta)^2(1-\theta)}$$

计算可知，如果 $(1+\sqrt{3}) < d_2 < (2\delta - 1 - 4\sqrt{6(3-8\delta+4\delta^2)})d_1/(2\delta-1)$，$\Pi^{FIA} > \Pi^{NIA}$，如果 $d_2 > (2\delta - 1 - 4\sqrt{6(3-8\delta+4\delta^2)})d_1/(2\delta-1)$，$\Pi^{FIA} < \Pi^{NIA}$。

所以可得：如果 $0.338 < \theta < 0.5$，当且仅当 $(1+\sqrt{3}) < d_2 < (17-10\theta)d_1/(2\theta + \sqrt{6(3-8\theta+4\theta^2)} - 1)$ 时，$\Pi^{FA} > \Pi^{NIA}$。当 $0.5 < \theta < 1$ 时，$\Pi^{FIA} > \Pi^{NIA}$。当 $0.338 < \theta < 1$ 时，$\pi_{Mk}^{FIA} > \pi_{Mk}^{NIA}$ 和 $\pi_{Mk}^{FIA} > \pi_{Mk}^{NIA}$。

类似地，比较在信息共享和信息不共享的情况下制造商、零售商和供应链的利润，定理 6 - 9 的内容可以证明。

参 考 文 献

[1] 白世贞, 吴雪艳, 鄢章华. 基于团购供应链协调的第三方平台盈利模式研究 [J]. 软科学, 2016, 30 (7): 133 – 139.

[2] 陈敬贤, 马志强. 零售商团购的二级供应链协调 [J]. 系统管理学报, 2014, 23 (1): 7 – 12.

[3] 陈琳, 李田. 存在竞争性制造商的需求预测信息的共享研究 [C]. 中国管理科学学术年会, 2016.

[4] 但斌, 周茂森, 张旭梅. 存在竞争性制造商的集团采购供应链需求预测信息的共享与激励 [J]. 中国管理科学, 2016, 37 (3): 45 – 55.

[5] 官子力, 张旭梅, 但斌. 需求不确定下制造商服务投入影响销售的供应链信息共享与激励 [J]. 中国管理科学, 2019, 27 (10): 56 – 65.

[6] 樊敏. 供应链信息共享研究 [D]. 电子科技大学, 2003.

[7] 胡东滨, 李洋, 陈晓红, 等. 基于信息共享角度的团购策略研究 [J]. 系统工程理论与实践, 2014, 34 (11): 2849 – 2861.

[8] 胡文意. 具有产能限制的供应链中横向信息共享研究 [D]. 中国人民大学, 2011.

[9] 李毅鹏, 马士华, 袁开福. 广义 ATO 下基于多种团购模型的供应链协调 [J]. 中国管理科学, 2018 (6).

[10] 林志炳. 信息不对称下的制造商返利策略研究 [J]. 系统工程理论与实践, 2020 (2): 324 – 333.

[11] 刘斌. 两阶段供应链批发价格契约延迟付款风险研究 [J]. 中国流通经济, 2011 (1): 47 – 50.

[12] 罗春林, 毛小兵, 田歆. 网络平台销售模式中的需求信息分享策略研究 [J]. 中国管理科学, 2017 (8).

[13] 马士华, 林勇, 陈志祥. 供应链管理 [M]. 机械工业出版社,

2002：12 - 64.

　[14] 马新安，张列平，田澎. 供应链中的信息共享激励：动态模型
[J]. 中国管理科学，2001，V（1）：19 - 24.

　[15] 石纯来，聂佳佳. 网络外部性对双渠道供应链信息分享的影响
[J]. 中国管理科学，2019，27（8）：142 - 150.

　[16] 士明军等. 政府补贴下绿色供应链需求预测信息共享研究 [J].
管理工程学报，2020，34（4）：119 - 125.

　[17] 王瑛. 供应链伙伴信息共享的博弈与激励 [J]. 中国管理科学，
2005，13（10）：61 - 66.

　[18] 吴江华，翟昕. 基于学习效应的供应链信息共享研究 [J]. 运筹
与管理，2011（3）：14 - 21.

　[19] 吴江华，翟昕. 信息共享对供应链合作广告影响的博弈分析
[J]. 中国管理科学，2012，20（5）：98 - 105.

　[20] 肖肖，骆建文. 面向消费者的双渠道供应链团购策略 [J]. 上海
交通大学学报，2015，49（8）：1237 - 1243.

　[21] 叶飞，陈晓明，林强. 基于决策者风险规避特性的供应链需求信
息共享价值分析 [J]. 管理工程学报，2012，26（3）：176 - 183.

　[22] 张国权，李春好，刘锋，等. 多产品最优团购组合策略 [J]. 系
统工程，2014，（1）：41 - 47.

　[23] 张菊亮，章祥荪. 供应商和销售商拥有部分信息的信息共享
[J]. 中国管理科学，2012，V（1）：109 - 116.

　[24] 张玉林，陈剑. 供应链中基于 Stackelberg 博弈的信息共享协调问
题研究 [J]. 管理工程学报，2004，18（3）：118 - 120.

　[25] 张云涛. 供应链信息共享问题研究 [D]. 西安电子科技大
学，2002.

　[26] 张子辰，雒兴刚. 考虑广告效应和信息共享的双渠道供应链分析
[J]. 系统工程学报，2017（4）.

　[27] 张子刚，周永红. 供应链中利益相关者信息共享的合作博弈分析
[J]. 科技管理研究，2004，24（3）：144 - 146.

　[28] 周建亨，蒋碧云. 水平竞争条件下的供应链信息泄露策略 [J].
中国管理科学，2016（11）：81 - 93.

［29］周茂森, 但斌. 竞争环境下存在规模经济的集团采购供应链协调 ［J］. 中国管理科学, 2017, 25 （2）: 98 – 110.

［30］Anand K S, Aron R. Group Buying on the Web: A Comparison of Price-Discovery Mechanisms ［J］. Management Science, 2003, 49 （11）: 1546 – 1562.

［31］Anand K S, Goyal M. Strategic Information Management Under Leakage in a Supply Chain ［J］. Management Science, 2009, 55 （3）: 438 – 452.

［32］Bray R L, Mendelson H. Information Transmission and the Bullwhip Effect: an Empirical Investigation ［J］. Management Science, 2012, 58 （5）: 860 – 875.

［33］Burnetas A, Gilbert S M, Smith C E. Quantity Discounts in Single-Period Supply Contracts with Asymmetric Demand Information ［J］. IIE Transactions, 2007, 39 （5）: 465 – 479.

［34］Cachon G P, Fisher M A. Supply Chain Inventory Management and the Value of Shared Information ［J］. Management Science, 2000, 46: 936 – 53.

［35］Cachon G P, Lariviere M A. Contracting to Assure Supply: How to Share Demand Forecasts in a Supply Chain ［J］. Management Science, 2001, 47 （5）: 629 – 646.

［36］Cachon G P, Lariviere M A. Supply Chain Coordination with Revenue-Sharing Contracts: Strengths and Limitations ［J］. Management Science, 2005, 51 （1）: 30 – 44.

［37］Cachon G P, Zhang F. Procuring fast Delivery: Sole-Sourcing with Information Asymmetry ［J］. Management Science, 2006, 52 （6）: 881 – 896.

［38］Chen D N, Yang Y S, Ku Y C. A Trust Perspective to Study the Intentions of Consumers to the Group Buying ［M］. E-Life: Web-Enabled Convergence of Commerce, Work, and Social Life. Springer Berlin Heidelberg, 2011: 153 – 166.

［39］Chen F, Lai G, Xiao W. Provision ofIncentives for Information Acquisition: Forecast-Based Contracts Versus Menus of Linear Contracts ［J］. Management Science, 2016, 62 （7）: 1899 – 1914.

［40］Chen J, Chen X, Kauffman R J, et al. Should we Collude? Analyzing the Benefits of Bidder Cooperation in Online Group-Buying Auctions ［J］. Electronic Commerce Research & Applications, 2009, 8 (4): 191 –202.

[41] Chen J, Liu Y, Liu Y, et al. Segmenting Uncertain Demand in Group-Buying Auctions [J]. Electronic Commerce Research & Applications, 2010, 9 (2): 126 –147.

[42] Chen R R. , Roma P. Group Buying of Competing Retailers [J]. Production and Operations Management, 2011, 20 (2): 181 –197.

[43] Chen W Y, Wu P H. Factors Affecting Consumers' Motivation in Online Group Buyers [C]. Sixth International Conference on Intelligent Information Hiding and Multimedia Signal Processing. IEEE, 2010: 708 –711.

[44] Chen Y, Vulcano G. Effects of Information Disclosure Under first-and Second-Price Auctions in a Supply Chain Setting [J]. Manufacturing & Service Operations Management, 2009, 11 (2): 299 –316.

[45] Choi T M, Li J, Wei Y. Will a Supplier Benefit from Sharing Good Information with a Retailer [J], Decision Support Systems, 2013, 56: 131 –139.

[46] Chu L, Shamir N, Shin H. Strategic Communication for Capacity Alignment with Pricing in a Supply Chain [J]. Management Science, 2017.

[47] Clarke R. Collusion and Incentives for Information Sharing [J]. Bell Journal of Economics, 1983, 14: 383 –94.

[48] Cremer J, Khalil F, Rochet J C. Contracts and Productive Information Gathering [J]. Games and Economic Behavior, 1998b, 25: 174 –193.

[49] Cremer J, Khalil F, Rochet J C. Strategic Information Gathering before a Contract is Offered [J]. Journal of Economic Theory, 1998a, 81: 163 –200.

[50] Cremer J, Khalil F. Gathering Information before Signing a Contract [J]. American Economic Review, 1992, 82 (3): 566 –578.

[51] Croson R, Donohue K. Behavioral Causes of the Bullwhip Effect and the Observed Value of Inventory Information [J]. Management Science, 2006, 52 (3): 323 –336.

[52] Ebrahim-Khanjari N, Hopp W, Iravani S. Trust and Information Sharing in Supply Chains [J]. Production and Operations Management, 2012, 21 (3): 444 –464.

[53] Fu Q, Zhu K. Endogenous Information Acquisition in Supply Chain

Management [J]. European Journal of Operational Research, 2010, 201 (2): 454 – 462.

[54] Gal-Or E. Information Sharing in Oligopoly [J]. Econometrica, 1985, 53: 329 – 43.

[55] Gal-Or E. Information Transmission: Cournot and Bertrand Equilibria [J]. Review of Economic Studies, 1986, 53: 85 – 92.

[56] Gal-Or E, Geylani T, Dukes A J. Information Sharing in a Channel with Partially Informed Retailers [J]. Marketing Science, 2008, 27 (4): 642 – 658.

[57] Gao L, Li Z, Shou B. Information Acquisition and Voluntary Disclosure in an Export Processing System [J]. Production and Operations Management, 2014, 23 (5): 802 – 816.

[58] Gavirneni S. Price Fluctuations, Information Sharing, and Supply Chain Performance [J]. European Journal of Operational Research, 2006, 174: 1651 – 1663. 8.

[59] Gray K. Consortia, Buying Groups and Trend in Demand Aggregation [R]. The 88th Annual International Supply Management Conference Proceedings, Nashville, TN, 2003.

[60] Guo L, Iyer G. Information Acquisition and Sharing in a Vertical Relationship [J]. Marketing Science, 2010, 29 (3): 483 – 506.

[61] Guo L, Li T, Zhang H. Strategic Information Sharing in Competing Channels [J]. Production and Operations Management, 2014, 23 (10): 1719 – 1731.

[62] Guo L. TheBenefits of Downstream Information Acquisition [J]. Marketing Science, 2009, 28 (3): 457 – 471.

[63] Ha A Y, Tong S L, Zhang H T. Sharing Demand Information in Competing Supply Chains with Production Diseconomies [J]. Mathematics of Operations Research, 2011, 57 (3): 566 – 581.

[64] Ha A Y, Tong S L. Contracting and Information Sharing Under Supply Chain Competition [J]. Management Science, 2008, 54 (4): 701 – 715.

[65] Ha A Y. Supplier-Buyer Contracting: Asymmetric Cost Information and the Cut-off Level Policy for Buyer Participation [J]. Naval Research Logistics, 2001, 48 (1): 41 – 64.

［66］ He C, Marklund J, Vossen T. Vertical Information Sharing in a Volatile Market ［J］. Marketing Science, 2008, 27 （3）: 513 – 530.

［67］ Hezarkhani B, Sosic G. Who's Afraid of Strategic Behavior? Mechanisms for Group Purchasing ［J］. Production and Operations Management, 2018.

［68］ Jain A, Seshadri S, Sohoni M. Differential Pricing for Information Sharing Under Competition ［J］. Production and Operations Management, 2011, 20 （2）: 235 – 252.

［69］ Jain A, Sohoni M. Should Firms Conceal Information when Dealing with Common Suppliers? ［J］, Naval Research Logistics, 2015, 62 （1）: 1 – 15.

［70］ Jiang B J, Tian L, Xu Y F, et al. To Share or not to Share: Demand Forecast Sharing in a Distribution Channel ［J］. Marketing Science, 2016, 35 （5）: 800 – 809.

［71］ Jiang L, Hao Z Y. Incentive-driven Information Dissemination in Two-Tier Supply Chains ［J］. Manufacturing & Service Operations Management, 2016, 1 （21）, 1523 – 4614.

［72］ Kauffman R J, Lai H, Lin H C. Consumer Adoption of Group-Buying Auctions: an Experimental Study ［M］. Kluwer Academic Publishers, 2010.

［73］ Kong G, Rajagopalan S, Zhang H. Revenue Sharing and Information Leakage in a Supply Chain ［J］. Management Science, 2013, 59 （3）: 556 – 572.

［74］ Kurtulus M, Ülkü S, Toktay B. The Value of Collaborative Forecasting in Supply Chains ［J］. Manufacturing & Service Operation Management, 2012, 14 （1）: 82 – 98.

［75］ Laffont J J, Tirole J. Using Cost Observation to Regulate Firms ［J］. Journal of Political Economy, 1986, 94 （3）: 614 – 641.

［76］ Lai G M, Xiao W Q. Signals to Partially Informed Investors: Operations Distortion and Realization of Stock-Based Payment ［J］. Social Science Electronic Publishing, 2012, 20 （1）.

［77］ Lazarus D. Airlines' Privacy Policies do Little to Protectconsumers' Personal Data. Los Angeles Times （September 22）, 2015, http: //www. latimes. com/business/la-fi-lazarus-20150922-column. html.

［78］ Lee H L, Whang S. Information Sharing in a Supply Chain ［J］. International Journal of Manufacturing Technology and Management, 2000, 1 (1): 79 – 93.

[79] Lee H L, So K C, Tang C S. The Value of Information Sharing in a Two-Level Supply Chain [J]. Management Science, 2000, 46 (4): 626 – 643.

[80] Lewis T R, Sappington D E M. Information Management in Incentive Problems [J]. Journal of Political Economy, 1997, 105 (4): 796 – 821.

[81] L. Li. Cournot Oligopoly with Information Sharing [J]. RAND Journal of Economics, 1985, 16 (4): 521 – 536.

[82] Li L. Information Sharing in a Supply Chain with Horizontal Competition [J]. Management Science, 2002, 48 (9): 1196 – 1212.

[83] Li T, Tong S L, Zhang H T. Transparency of Information Acquisition in a Supply Chain [C]. INFORMS, 2011.

[84] Li Tian, Zhang Hongtao. Information Sharing in a Supply Chain with a Make-to-Stock Manufacturer [J]. Omega, 2015, 50: 115 – 125.

[85] Lia C, Chawlab S, Rajana U, et al. Mechanism Design for Coalition Formation and Cost Sharing in Group-buying Markets [J]. Electronic Commerce Research & Applications, 2005, 3 (4): 341 – 354.

[86] Li L, Zhang H T. Congeniality and Information Sharing in Supply Chain Coordination [J]. Management Science, 2008, 54: 8 1467 – 1481.

[87] McAfee R P, McMillan J. Auctions and Bidding [J]. Journal of Economic Literature, 1987, 25: 699 – 738.

[88] Mishra B, Raghunathan S, Yue X. Demand Forecast Sharing in Supply Chains [J]. Production and Operations Management, 2009, 18 (2): 152 – 166.

[89] Mittendorf B, Shin J, Yoon D H. Manufacturer Marketing Initiatives and Retailer Information Sharing [J]. Quantitative Marketing and Economics, 2013, 11 (2): 263 – 287.

[90] Natarajan K, Kostamis D, Merserean A. Strategic Demand Information Sharing Between Competitors. Working paper, University of North Carolina, Chapel Hill, 2013.

[91] Niraj R, Iyer G, Narasimhan C. Inventory and Information in Distribution Channels [J]. Management Science, 2007, 53 (9): 1551 – 1561.

[92] Novshek W, Sonnenschein H. Fulfilled Expectations Cournot Duopoly with Information Acquisition and Release [J]. Bell Journal of Economics, 1982, 13: 214 - 8.

[93] Özer Ö, Chen K, Zheng Y. Trust in Forecast Information Sharing [J]. Management Science, 2011, 57 (6): 1111 -1137.

[94] Özer Ö, Wei W. Strategic Commitment for Optimal Capacity Decision Under Asymmetric Forecast Information [J]. Management Science, 2006, 52 (8): 1238 -1257.

[95] Özer Ö, Zheng K, Ren Y. Trust, Trustworthiness, and Information Sharing in Supply Chains Bridging China and the United States [J]. Management Science, 2014, 60 (10): 2435 -2460.

[96] Picard P. On the Design of Incentive Scheme Under Moral Hazard and Ddverse Selection [J]. Journal of Public Economics, 1987, 33: 305 -331.

[97] Raith M. A General Model of Information Sharing in Oligopoly [J]. Journal of Economic Theory, 1996, 71: 260 -88.

[98] Rao R. Compensating Heterogeneous Salesforces: some Explicit Solutions [J]. Marketing Science, 1990, 9 (4): 319 -341.

[99] Sander N R, Premus R. Modeling the Relationship Between Firm IT Capability, Collaboration and Performance [J]. Journal of Business Logistics, 2005, 26 (1): 1 -13.

[100] Shamir N. Strategic Information Sharing Between Competing Retailers in a Supply Chain with Endogenous Wholesale Price [J]. International Journal of Production Economics, 2012, 136 (2): 352 -365.

[101] Shang W. , Ha, A Y. , Tong S. Information Sharing in a Supply Chain with a Common Retailer [J]. Management Science, 2016, 62 (1): 245 -263.

[102] Shapiro C. Exchange of Cost Information in Oligopoly [J]. Review of Economic Studies, 1986, 53: 433 -46.

[103] Shin H, Tunca T. The Effect of Competition on Demand Forecast Investments and Supply Chain Coordination [J]. Operation Research, 2010, 58 (6): 1592 -1610.

[104] Smith C. This Might be the Reason MCX Retailers won't Let you Use

Apple Pay, even if they want to. BG report (October 29), 2014, http: // bgr. com/2014/10/29/ apple-pay-vs-mcx-currentc/.

[105] Su X, Zhang F. On the Value of Commitment and Availability Guarantees when Selling to Strategic Consumers [J]. Management Science, 2009, 55 (5): 713 –726.

[106] Sun P C, Liu L, Luo J J. Perceived Risk and Trust in Online Group Buying Context [C]. International Conference on Information Management, Innovation Management and Industrial Engineering. IEEE, 2010: 660 –663.

[107] Taylor T A, Xiao W. Incentives for Retailer Forecasting: Rebates vs. Returns [J]. Management Science, 2009, 55 (10): 1654 –1669.

[108] Taylor T A, Xiao W. Does a Manufacturer Benefit from Selling to a Better-Forecasting Retailer? [J]. Management Science, 2010, 56 (9): 1584 – 1598.

[109] Vives X. Duopoly Information Equilibrium: Cournot and Bertrand [J]. Journal of Economic Theory, 1984, 3: 71 –94.

[110] Vives X. Oligopoly Pricing: Old Ideas and New Tools [M]. Cambridge, The MIT Press, 1999.

[111] Whipple J, Frankel R, Daugherty P. Information Support for Alliances: Performance Implications [J]. Journal of Business Logistics, 2002, 23 (2): 67 –82.

[112] Wu J H, Zhai X., Huang Z M. Incentives for Information Sharing in Duopoly with Capacity Constraints [J]. International Journal of Management Science, 2007, (10): 963 –975.

[113] Yan Y C, Zhao R Q, Lan Y F. Asymmetric Retailers with Different Moving Sequences: Group Buying vs. Individual Purchasing [J]. European Journal of Operational Research, 2017, 261 (3): 903 –917.

[114] Yue X, Liu J. Demand Forecast Sharing in a Dual-Channel Supply Chain [J]. European Journal of Operational Research, 2006, 174 (1): 646 –667.

[115] Zhang H T. Vertical Information Exchange in a Supply Chain with Duopoly Retailers [J]. Production and Operations Management, 2002, 11 (4): 531 –546.

［116］ Zhao X, Xue L, Zhang F. Outsourcing Competition and Information Sharing with Asymmetrically Informed Suppliers ［J］. Production and Operations Management, 2014, 23 (10): 1706 – 1718.

［117］ Zhou Z Z, Zhu K X. The Effects of Information Transparency on Suppliers, Manufacturers, and Consumers in Online Markets ［J］. Marketing Science, 2010, 29 (6): 1125 – 1137.

［118］ Zhu K. Information Transparency of Business-to-Business Electronic Markets: A Game-Theoretic Analysis ［J］. Management Science, 2004, 50 (5): 670 – 685.

后　　记

供应链一直是企业和学术界关注的热点话题。党的十八大以来，各级政府多次提出形成完整高效的供应链。国务院做出全面部署安排，要求以提高经济发展质量和效益为中心，以供应链与互联网深度融合为根本路径，打造大数据支撑、网络化共享、智能化协作的智慧供应链体系。由此可见，供应链对于企业乃至全国经济发展的重要性。

供应链中普遍存在的信息不确定和信息不对称问题会阻碍供应链协调。信息共享可以有效解决供应链中存在的上述问题，并提高供应链的总体效益。本书旨在解决供应链竞争企业间的横向信息共享和上游企业的纵向信息获取问题，从而提高供应链效率。同时，本书对供应链成员如何制定最优定价策略、生产数量、团购数量和销售数量有着重要的指导作用。

本书的研究得到了笔者 2021 年承担的河北省哲学社会科学基金青年项目（项目编号为 HB21GL043）的资助。本书是在大量的前期研究基础上形成的，部分阶段性研究成果已经在《中国管理科学》公开发表。在此书出版之际，感谢课题组成员和我的研究生任佺的辛苦付出，感谢在项目申报和研究中领导及同事给予的关心与帮助，感谢经济科学出版社经管编辑中心对本书出版的大力支持！

受笔者学识水平所限，本书中存在的不足敬请各位读者批评指正！

姜　帆

2023 年 2 月